용기의 휴식

용기의 휴식

유영희 수필집

수필과비평사

■ 작가의 말

가을밤, 한때

사람 사이의 일이 간사할 때

혀가 근질거려 도저히 소주로 달래지 않으면 안 될 때

잠은 오려다가도 저만치 이웃이 되어 나를 낯설게 할 때

불현듯 지나간 상황이 떠오르고 내 둔한 눈치가 미울 때

지금이라면 그러지 않았을 텐데, 하지만 시간은 절대로 되돌아가지 않음을 깨달을 때

상처가 세월에 익어 추억이 될 때

찻물은 끓고 향이 바랜 찻잎을 볼 때

풀벌레 소리에 계절이 가고 오는 것을 느낄 때

책을 읽어도 행간에서 시선이 흐트러지고, 그래도 부질없이 책갈피를 만지작거리고 있을 때

먼 산 계곡의 물은 흐르면서 차가워질 것이고

늘 그러하듯 이 계절도 저 혼자 바쁜 걸음이다.

세상에 책 한 권을 보탭니다. 첫 작품집입니다. 쑥스럽고 설레는 마음이 교차합니다. 어느 소설가는 책을 낼 때마다 대관령의 나무들을 생각한다고 합니다. 나무에게 진 신세를 갚으려는 마음으로 천천히 걸어가 보렵니다.

고동주 지도 교수님, 동인, 문우들께 감사의 인사를 올립니다.

삶의 기둥이 되어주는 가족들에게도 고마운 마음을 전합니다.

사랑합니다.

2016. 가을

유영희

■ 차례

작가의 말 | 가을 밤, 한때 • *4*

1. 조용한 사냥꾼

조용한 사냥꾼 • *13*
계곡에 앉아 물소리를 듣나니 • *17*
옹기의 휴식 • *19*
등 • *22*
달빛 이야기 • *24*
비발디의 〈사계〉 • *28*
옹이와 나이테 • *32*
억새밭에서 • *36*
초보의 기도 • *38*
달빛 목욕 • *42*
향기 열쇠 • *45*
커피와 빗소리 • *48*
지심공료료견知心空了了見 • *51*
흙이 돌에게 • *54*

2. 어느 그림 앞에서

사랑의 주머니 • *59*

어느 그림 앞에서 • *63*

나의 빨래터 • *66*

오래된 친구 • *70*

실타래 • *74*

운동장에서 • *78*

라디오 이야기 • *82*

안개 낀 플랫폼 • *87*

빈천우척貧賤憂戚은 • *93*

그림 같다 • *96*

플라타너스를 만나다 • *99*

추억 속의 달인 • *104*

쪼깐이할매 • *108*

그 여자아이 • *111*

3. 모기 이야기

해저터널을 지나며 • 117

대숲에 바람이 갇혔다 • 121

그늘을 팝니다 • 125

고약한 까치 • 129

모기 이야기 • 132

버스를 기다리며 • 137

서울, 아침, 지하철 • 140

찜질방에서 • 145

토종 한국인 • 149

봉사와 위로 • 153

민들레의 희망 • 157

부처님, 아시지예 • 160

공든 탑 • 164

짐이라는 것 • 168

장미의 가시 • 172

4. 현충일과 국밥

여름, 순천만 • *179*
술은 곧 복이라 • *183*
시인들 • *188*
사람이 통영이다 • *191*
현충일과 국밥 • *193*
가상과 현실의 공간 • *196*
톤레샵의 아이들 • *199*
커피 한 국자 • *204*
왕비의 어금니 • *207*
보리피리 소리 • *210*
추억을 차린 저녁식사 • *214*
꼬마 보디가드 • *218*
아랫집 윗집 • *221*
그림 한 장 • *224*

1.

조용한 사냥꾼

〈동백〉(2호)

조용한 사냥꾼

안개가 흐르다 거미줄에 걸렸다.

"조롱조롱 거미줄에 옥구슬……." 하는 노래처럼 잔 구슬이 도로록, 가는 실에 꿰이진 예쁜 목걸이 같다. 한 공간을 흐르다 거미줄에 앉아 쉬는 인연, 그리운 이가 있어 우연히라도 마주치기를 바라는 기다림의 눈물이다. 잡히라는 벌레는 걸리지 않고 물방울만이 그네를 타고 있다. 이런 날은 조용한 사냥꾼, 거미가 공치는 날이 될 것 같다. 곤충은 보이지 않고, 어딘가에 숨어서 자신이 설치해 놓은 줄을 지켜보고 있을 거미. 거미줄에 맺힌 건 식구의 생계를 책임진 가장의 땀방울이다. 그물을 쳐놓고 사냥감이 걸리기만을 기다리는 동안 거미는 무슨 생각을 할까. 밤새 불빛을 쫓아다니느라 잠을 설친

둔한 나방이라도 걸리기를 바라며, 그물을 내리고 뱃전에서 쉬는 어부처럼 저 먼 곳에 시선을 두고 있을까. 안달하고 조급해 하는 성격이라면 이짓도 못할 노릇이다.

나비나 꿀벌처럼 부지런히 먹이를 찾아다니는 입장에서 보면 참 한심한 짓이다. 강태공처럼 때를 기다리는 양이 어찌 보면 무슨 철학자 같기도 하고 게으름뱅이의 전형을 보는 것 같기도 하다. 하지만 바람에 날려 이동하거나 맨 땅은 잘 딛지 않는, 암벽등반하듯 줄을 타고 오르락내리락하는 모습이 멋진 구석도 있다. 포획한 먹이를 그 자리에서 먹지 않고 일단 포장을 해서 조용히 처리하는 것 또한 귀족적이지 않은가.

거미줄에 달린 물방울을 감상하려니 아들의 어릴 때 추억 한 편이 떠오른다. 유치원에 다닐 때의 일이다. 하루는 집으로 온 녀석의 얼굴이 발갛게 상기되어 있었다. 노란색 원복을 갈아입지도 않고 모자만 홱하니 벗어 던지고는 책꽂이 앞으로 가서 책을 한 권 꺼내들었다. 아동용 과학 앨범인가 하는 책이다.

"엄마, 우리 선생님 순 엉터리야."

이 세상에서 제일 예쁘다고, 애정 순위가 선생님에게 밀려있던 이 엄마는 의아할 수밖에. 왜냐고 물었더니 오늘 곤충에 대해 배웠단다. 선생님이 곤충의 종류를 예로 들면서 거미도 거론하였나 보다.

아이는 제딴에 책에서 본 기억으로 “아니에요. 거미는 아니에요.” 하니까 선생님은 “그렇지 않다. 곤충 맞다.”고 했다는 것이다. 실은 이 엄마도 그렇게 알고 있었다.

세 살 먹은 아이한테도 배울 것이 있다더니, 같이 책을 들여다보며 거미와 곤충의 차이, 즉 머리, 가슴, 배 등 세 마디로 나누어지는 곤충과, 머리가슴, 배 두 부분으로 나누어지는 거미, 날개가 있고 없고, 곤충은 다리가 세 쌍이고 거미는 네 쌍인 차이를 알게 되었다. 5억 년쯤 전부터 삼엽충이나 투구게, 바다전갈로 진화하여 육지로 올라와 살게 되었다고 한다.

나비나 새처럼 자유롭게 하늘을 나는 것도 아니고, 아름다운 소리로 우리의 귀를 즐겁게 해주는 일은 없지만 거미는 우리에게 이로운 존재이다. 곤충, 특히 농약도 별 효과 없는 파랑강충이나 멸구를 없애준다. 농약을 뿌리면 거미의 개체 수가 줄어들고 이 해충들이 늘어나 피해가 많아지는 사례가 있다는데, 거미가 많은 논에서는 이 해충들이 비교적으로 작다고 하니 농약의 피해로부터 조금이라도 줄여주는 역할을 하는 셈이다.

세상일에 관심 없이 자신을 드러내지 않고, 묵묵히 이로운 일을 해 주는 것, 알듯 모를 듯 남에게 도움이 되는 자존심을 지키는 은둔자. 이런 삶도 멋지지 않은가?

훌륭한 품성으로 못생긴 외모를 커버하는 그런 모습 유익하고 조용한 거미는 주부에게 부지런함의 잣대로도 제 역할을 한다.

어느 날, 천정이나 장롱 구석에서 제가 쳐놓은 거미줄에 먼지가 가득 앉아 있는 모습을 보고 툭 한마디할지도 모른다.

'너, 청소 안하니?'

계곡에 앉아 물소리를 듣나니

계곡물이 절벽을 만나 떨어지고 있다. 물방울들이 하얗게 비명을 지른다. 갑자기 만난 벼랑에 물인들 놀라지 않을까. 그래서 폭포는 희게 빛나고 저리도 아우성이다.

잠시 기절하듯 떨어져 소沼를 이루고, 숨을 고른 후 다시 제 갈 길을 찾아 양 바위 사이를 비집어 쏟아져 내린다. 떨어질 때는 얼마나 놀랐는지 정신이 하나도 없었다고, 그냥 길 찾아 떠나는 앞길에 저렇듯 높은 벼랑이 있을 줄 몰랐다며 호들갑스럽게 내려온 물방울들.

높은 절벽에서 떨어질 때는 세상이 끝나는 줄 알았다는 듯, 저마다의 사연을 들려주는 계곡은 그들의 수다로 왁자하다. 발을 담그고 앉아 있으면 제 놀란 사정을 고자질하듯 조잘대며 흘러간다.

당신을 만나 반갑다고 졸졸 계곡을 이루어 내려가는 물방울의 노래, 어느새 마음이 편해진 듯 햇살에 빛나는 물방울을 보면서 내 나름의 생각에 잠긴다.

살다가 어느 길을 만날 지 알 수 없을 때가 많았다. 믿고 따라간 길이 낭떠러지를 안고 있는 경우도 있었고, 주위의 충고를 듣지 않고, 들리지 않은 양 고집을 부린 적도 있었다. 잃어버린 길에서 허둥대다가 낮은 곳을 향하다 보면 길이 보이기도 했다.

생각은 흐트러져 마음이 어지러울 때, 앞 일이 막막하여 누구든 붙잡고 실컷 울고 싶을 때, 물은 저를 보라 한다. 이렇게 흐르다 보면, 흘러가다 보면 길이 열리더라고 속삭인다. 나처럼만 하면 될 것이라고. 길은 낮은 곳에서 열리고 그 길을 따라가다 보면 개울이 되고 도랑이 되고 내를 이루고 강을 만나고 바다를 만나게 되리라.

하늘에서 내린 비가 물이라는 존재로 모든 생명을 토닥이며 끝없이 흘러간다. 지금 내 발밑을 지나는 이 물줄기는 순식간에 지나가 버리고, 아쉬운 마음 가득 안고 계곡에 오도카니 앉아 물소리를 듣는다.

옹기의 휴식

지리산 삼성궁이다. 맷돌이며 돌확, 절구로 싸인 긴 돌담을 따라 걷다가 옹기를 만났다. 덩치가 만만치 않다. 어른 두세 명 팔을 벌려야 둘레를 감쌀 수가 있겠다. 줄줄이 시중에서 구하기도 힘든 크기의 옹기들이다. 소롯길을 따라 줄지어 나란히 엎어두었다.

긴 세월 옹기들이 품고 삭혀냈을 여인들의 애환은 어디로 갔을까. 마른 조기 몇 마리 품고 있다가 갑작스레 손님이라도 오는 날이면, 안주인의 솜씨를 궁색하지 않게 체면치레를 해 주던 넉넉한 품새의 그릇이다. 곡식이나 건어물, 아니면 동이로 길어온 샘물을 담고 아낙네의 손길로 반들반들 윤기를 다듬은 그런 시절이 있었을 것이다.

한 집안의 길흉을 점칠 수도 있는 장을 담아 햇살에 바람에 익혀

낸 옹기들이 뚜껑이 없어서일까 죄다 거꾸로 엎어져 있다. 일 년 농사라는 김장을 담고, 긴 겨울 추위에도 안으로는 맛깔스런 김치를 익혀내던 그릇들이 입구가 땅에 쑤셔 박혀 있는 것이 보기 좋은 모습은 아니다.

옹기들이 길섶의 먼지를 뒤집어쓰고 하릴없이 관광객이 오가는 발길에 읍하고 있는 것을 보며 많은 생각이 지나간다.

바로 세워 두면 내리는 빗물을 받아서 물풀 한 줄기 키우고 그 사이로 개구리라도 폴짝거릴까. 그러면 저 너른 품이 저렇듯 을씨년스럽지는 않을 것 같다. 바로 앉혀 두었더라면, 지나가는 바람을 가득 담고 있다가 행여 외로운 이가 얼굴을 들이밀고 후우하고 한숨으로 인사를 하면 위이잉 하고 같이 울어줄 수 있지나 않을까.

자식을 품고 기르며 가정을 꾸려 나갔던 어머니들의 세월이나, 장이나 김장을 품고 익혀내던 그 옹기나 같은 자궁을 지녔던 것은 아닐까. 이제는 쓸모가 없어져버린 늙은 여인의 자궁과, 빈속에 빗물이 고일까 하여 주둥이를 박고 있는 오래된 옹기그릇은 같은 쓸쓸함으로 다가온다.

늙고 병들어 간병의 손길을 따라 요양원에 모인 어머니들과 쓸모없어진 오래된 옹기는 어쩜 같은 운명을 하고 있는지도 모르겠다.

무엇이든 품에서 길러낸다는 것은 숭고한 일이다. 옹기는 어머니의 그릇이다. 투박한 모양새에도 당당한 위엄을 갖추고, 세련되지 않아도 심지는 단단한 어머니를 닮은 그릇이다. 자식이 나고 자라서 품을 떠날 때 빈 옹기처럼 가슴이 휑했을 어머니, 그 어머니의 마음을 다 헤아리지 못했다. 내가 빈 옹기가 되어 어머니의 시린 가슴을 알게 되는 것은 세월의 가르침인가. 시간은 그냥 흐르지 않는다. 무심한 시간을 따라 우리는 늙어가면서 배운다. 긴 휴식에 든 옹기에 손바닥을 대어본다. 지난 세월에 대한 경의의 표시이다. 하지만 그는 눈치 챘을 것이다. 내가 나에게 보내는 위로의 악수임을.

등

넌 나에게 모습을 쉽사리 보이지 않는다. 살아가는 일이 만만치 않아 짊어진 짐의 무게만큼이나 너는 묵묵할 뿐이다. 생의 무게가 늘 눈에 띈다면 지레 겁먹고 달아날까, 포기하지는 않을까, 짓눌리는 압박감으로 행여 주저앉지는 않을까, 생의 고단한 부피나 무게에 눌리지 않도록 넌 늘 뒤에 있다. 혼자 진 짐이 무거워 신음하다가도 그저 바닥에 편안히 누워주는 것으로 넌 웬만한 어려움은 삭여낸다.

어려우면 어려운 대로, 모자라면 모자란 대로, 넉넉하면 그 크기만큼 살아간다는 것이 어렵다는 걸 잘 알고 있는 것 같다. 그러다가도 너의 무게가 느껴지고 아픔이 전해져 온다. 이 세상의 짐은 왜 나에게만 지워져 있는가 한 번씩 한탄하는 듯, 다른 이의 등 너머가 궁금해

넌지시 바라보기도 한다. 다른 이의 짐은 그런대로 가벼워 보이기도 한다. 어떤 이는 날개를 단 듯 가벼이 둥둥 날아다니는 것같아 부러울 때도 있다. 그러나 그 사람은 그 사람대로 무게를 느끼고 있을 것이다. 우리가 세세히 알지 못하는 각각의 몫이 있을 것이기에.

하루의 일과를 끝내고 집으로 돌아가는 아버지들의 뒷모습이나 학교에서, 직장에서, 그 직장마저 없어서 더욱 힘들고 쓸쓸한 각자의 뒷모습은 아무 말이 없으면서도 많은 이야기를 전한다.

평소에는 의식하지 못하다가 한 번씩 가려움으로 존재를 확인시키는 너, 너로 하여 옆 사람의 소중함을 일깨우기도 한다. 가려울 때도 목욕할 때도 내 손으로 너를 위해 어떻게 할 수 없을 때가 있다. 혼자서 할 수 없음으로 꼭 필요한 타인의 손길, 서로의 등받이가 되어 줄 수 있는 삶의 동반자가 필요한가 보다.

이별의 순간에 눈물보다도 더욱 가슴을 아리게 하는 뒷모습, 무심히 돌아서는 모습에서도 너의 말없음에 절절히 가슴은 미어진다. 한평생 묵묵한 노동으로 눌린, 너는 굽은 만큼 겸손해져서 조용히 늙어간다. 그 모습을 바라보는 사람 역시 자신의 뒤에도 물기어린 시선이 머무는 것을 느낀다. 난 저러지 말아야지 하면서도 궤도에서 좀처럼 벗어나지 못하는, 인생이란 철길 위의 낡은 열차처럼.

달빛 이야기

남서쪽으로 고개를 튼 아파트에는 보름달이 한밤중에 머리맡으로 온다. 자는데 누군가 두런두런 잠을 깨우는 것 같다. 눈을 떠보면 달빛이 온 베란다를 꽉 채우고 있다. 겨울날에는 거실의 반이나 들어와 있다. 한 달 걸려 돌아왔는데 못 본 척 잠만 잘 거냐고 흔들어 깨웠나 보다. 거실에 나가보면 선금산 꼭대기에 걸린 달이 제 빛으로 세상을 헹구고 있다. 구름도 지나다 달빛에 젖어 못 가는지 산 위에 걸쳐져 있다.

베란다 문을 열고 한참을 바라본다. 어린 날, 밤길에 심부름 가다 하늘을 올려다보면 어디든 따라와 주던 달빛이다. 그 날도 떡을 사오라는 심부름을 다녀오는 길이었다. 질척한 골목길에서 발등 위로 무엇인가 재빠르게 지나갔다. 쥐였다. 공포와 역겨움, 놀란 가슴은 쉬 가라앉지 않았다. 어머니에게 하소연했으나 떡을 동생들에게 나누어 줄 뿐, 별 말씀이 없었다. 마당에서 발을 씻으며 올려다 본 하늘엔 둥근 달이 보였다. 놀라움과 서운함을 위로하듯 내려다보고 있었다.

달빛의 매력에 새삼스레 반한 날이 있다. 도남동 바닷가, 포장마차에서 한잔(?)하고 남편 오토바이 뒤에 매달려 산양면 일주도로를 달렸다. 밤이었고, 코스모스가 많이 피어 있었다. 소주 한 잔에 취하는 체질의 나한테는 바람이 선선하니 기분이 더없이 상쾌했다. 달빛에 코스모스는 희게 빛나는데 달리는 오토바이 위에서 보면 길 따라 핀 꽃이 긴 띠같이 보였다. 경쟁하듯 우리와 꽃이 같이 달렸다. 달빛에 헤엄을 치는 듯, 풀잎도 다시 깨어나며 온 세상이 잠을 못 이루는, 고요하면서도 부산한 밤이었다.

이태 전 가을, 강원도 지역으로 여행을 했다. 오대 적멸보궁 중 세 군데를 가보기로 하고 나선 길이었다. 양산 통도사에는 가보았고, 설악산 봉정암은 큰 마음먹어야 갈 수 있겠고 해서 오대산 상원사, 사자산 법흥사, 그리고 정암사 이렇게 세 곳을 가기로 한 것이다.

월정사, 상원사 적멸보궁 참배를 마치고 그날 저녁, 법흥사 인근 마을에 도착했다. 다음 날 아침 일찍 절에 갈 계획이었다.

읍내 찐빵 가게가 즐비한 갈림길에서 지나가는 사람이 일러준 대로 차를 몰았지만 가도가도 도시에선 그렇게 흔하던 숙박업소가 안 나타났다. 시골이라 호텔은 물론 건물 윤곽을 따라 조명을 밝혀 그 모양부터가 요란한 모텔이란 곳도, 어두운 밤길을 아무리 가도 나타나지 않았다.

남편은 차츰 얼굴이 굳어지고 말이 없어졌다. 산골 마을은 가게 불빛도 안 보이고 다들 일찍 자는지 인가의 불빛도 안 보였다. 어둠 속에서 어렴풋이 국기게양대가 보였다. 가보니 지구대였다. 조용했다. 지구대의 당직 근무자도 자다 깬 모양으로 길 따라 손을 가리키며 30여 분을 더 가보란다. 가도 가도 불빛 하나 보이지 않는 어두운 산길을 한 시간도 더 온 것 같은데 산은 더 깊어갔다. 후에 이야기지만 남편도 걱정을 많이 했다고 했다.

달리는 길옆으로 큰 내[川]가 보였다. 걱정은 되지만 달빛이 부서져 물결을 따라 흘러가는 걸 보며 연신 탄성이 나왔다. 열하루 달도 인공 불빛이 방해만 하지 않는다면 저리도 밝을 수 있음을 그 때 알았다. 달빛은 잘게 부서져 빛나고 아득한 산길은 끝이 없어 보이는데 전깃불에 익숙한 우리가 체험하기 어려운 고요함이 달빛에 폭 젖어 있었다고 할까.

영월. 그 깊은 마을. 한참을 가니 민박집이며 콘도식 숙박시설이

즐비한 마을이 나타났다. 우리는 사막을 건너 오아시스를 만난 것처럼 철지난 모텔의 선전문구도 그렇게 반가울 수가 없었다.

한 달에 반은 열심히 채우고 반은 비우기 위하여 지내는 달. 그 달빛에 한 번씩 빠져 바닷가를 거닐어 보는 기분도 괜찮다. 바다 위에 떠오른 달은 물결 따라 잘게 부서진다. 길게 드리운 금빛 스카프처럼, 저 높은 곳에 계신 이의 장엄한 치맛자락처럼 드리워져 반짝인다. 달도 가을밤에 뜨는 달이 청명한 하늘로 인해 더 크고 밝게 보인다고 한다.

이 가을, 보름달이 뜨는 밤, 바닷가를 거닐며 달빛에 실컷 젖어 보고 싶다.

비발디의 〈사계〉

늦은 밤, TV채널을 돌리다 귀에 익은 선율을 만났다. 비발디의 〈사계〉 중 '여름' 2악장이라는 자막이 화면 아래에 머무르고 있다. 바이올린, 비올라 등 현악기가 제 목소리를 아름답게 끌어내고 연주자가 자기 연주에 도취되어 무아지경인 모습이 간간이 클로즈업되는 화면을 보며, TV 앞이 아니고 연주회장 객석에 앉아 있는 듯 음악 속으로 빠져든다.

'여름'이라는 부제목을 보아서 그런가. 소나기가 한차례 지나간 후, 갑자기 늘어난 개울물이 졸졸 흐르는 느낌으로 다가온다. 이어서 '가을'로 흘러가는 선율. 1악장은 상냥하고 친절하게 맑은 하늘을 보고 있는 것 같다가 2악장에선 낙엽이 날리는 창밖을 하염없이 바라보고 선 듯하다. 3악장으로 넘어가 결실의 가을을 축하하는 마을 사람들이 한바탕 춤판이라도 벌인 듯 경쾌한 리듬이 이어진다. 다음은 '겨울'이다. 때로는 스산한 바람이 부는 듯, 심경이 복잡한 여인네가 편두통으로 제 머리를 감싸는 듯, 급한 전갈 때문에 눈썰매를 끄는 개에게 채찍을 휘두르는 듯, 음악에 맞춰 무한대 '상상의 나래'를 편다.

비발디의 〈사계〉란 단어를 나는 음악보다 글 속에서 먼저 읽었다. 고등학교 시절, 문학이라는 씨앗이 가슴에 묻혀있던 때, 신년을 여는 일간지에 실린 신춘문예 당선 작품 속에서. 내 기억으로 소설가 이경자의 작품인데 이 음악이 언급되었다. 이름을 불렀을 때 꽃이 된다는 시 구절처럼 이름을 알고 나니 더욱 친근하게 느껴져, 담임선생님 병문안 갈 때도 이 음악이 담긴 LP판을 들고 가기도 했다.

결혼 전, 자주 들르던 음악다방에서 마주앉은 남편은 이 음악이 나오자 봄이니 여름이니 알레그로니 해가며 설명을 해주었다. 나는 속으로 '아니, 이렇게 클래식에 조예가 있다니?' 하고 놀랐다. 결혼 상대자에 대해 점수를 매기고 있을 때라 가산점으로 작용했음이 분명하다. 그런데 결혼하고 보니 웬걸, 음악에 별 관심이 없는 게 아닌가.

"비발디는 어떻게 알았어요?" 하니 전에 펜팔친구에게서 선물로 받은 테이프로 이 음악만 줄창 들은 적이 있었다고 한다. 비발디의 음악 해석에 속아(?) 결혼했다면 엄살일까.

비발디의 〈사계〉 중 우리 귀에 익은 악장은 아무래도 '봄'이다. 긴 겨울이 지나고 햇살 따뜻한 봄, 한껏 기지개를 펴고 싶은 날 음악방송에서 자주 들리는 이 곡은 기분까지 상쾌하게 해주기도 한다. 그래서인지 백화점이나 대형마트에 가면 종종 들을 수 있다. 사람의 기분을 화사하고 밝게 해주는 느낌이 구매욕까지 자극하나 보다.

컬러링으로 이 음악을 쓰는 이도 많은 것 같다. 통화를 기다리는 짧은 순간에 여러 가지 추억이 되살아난다.

반가운 음악을 모처럼 깊은 밤에 접하고 봄, 여름, 가을, 겨울 악장을 차례로 이어가며 들으면서 문득, 단순히 계절을 묘사한 것이 아니란 생각이 스친다. 인생에서 사계절이 있고 계절 속에서 갖가지의 날씨가 우리를 맞이하듯이 이 음악을 통하여 다양한 인생살이의 한 장면, 장면을 만나는 느낌이다.

따뜻한 봄만 있다면 뜨거운 햇살과 바람으로 익힌 열매를 딸 수 있을까. 가을날 잎새를 떨구어 제 몸을 비우는 나무의 가르침을 만나고, 겨울의 적막을 겪어야 봄이 더욱 찬란하게 다가올 것 같다.

사백여 년 전, 이탈리아 어느 곳에서 밤새워 곡을 쓴 한 위대한 사나이의 뜻을 밤잠이 많이 없어진 나이에 이르러서야 알아챘다고 할까.

음악은 계속되고 나는 달아난 잠이 하나도 아쉽지 않다.

옹이와 나이테

늘 관심은 있지만 엄두가 나지 않아 망설이던 작업이다. 용감하게 책상 만들기에 도전하였다. 널빤지 네 장과 각목 한 개를 연결하여 만들었는데, 말이 책상이지 엉성하기 그지없다. 서툴지만 완성해 놓고 보니 소목장이나 된 듯이 뿌듯하다. 초등학교 책상 모양으로, 책 한 권 놓고 찻잔 하나 정도 놓을 정도의 크기이다. 여름날 베란다 가까이 바람구멍에 내어놓고 책읽기에 좋을 것 같다. 도료를 입히지 않은 나무 면이 아기의 피부처럼 매끄럽고 포근하다. 팔에 닿는 면이 강실강실하다.

책상 윗면에 조그만 옹이가 눈에 띄었다. 눈에 띄고 보니 거기에만 눈길이 간다. 시간이 지남에 따라 널빤지와 옹이 사이에 틈이 생기기 시작했다. 아파트 실내의 건조한 공기에 옹이는 시간이 갈수록 틈이 커졌다. 반쯤 내려갔다 책상 밑으로 손을 넣어 밀어 올리면 제자리에 돌아오는 정도까지 되었다. 무심코 옹이 부분에 손이 가 있을 때도 있었다. 눌렀다가 밀어 올렸다가 심심풀이 장난감이 생긴 셈이다.

어느 날, 이게 쑥 하고 빠져버렸다. 대각선으로 박혀 있던 그것은 책상 위에 뻥하니 구멍을 만들었다. 체증이 해소된 듯 시원한 느낌이다.

쇠보다 여문 옹이를 만지작거리며 생각해 본다. 우리 마음의 상처도 이렇게 단단하게 박혀 있겠지. 사람으로 인한 상처, 욕심인 줄 모르고 내 성에 차지 않아 좌절한 상처, 겉으로는 어른이 되어도 어린 시절에 받은 상처는 어느 구석에서 이렇게 단단히 굳어 있겠지. 옹이 빠지듯 간단히 빠질 수 있을까.

옹이를 감싸며 나무는 해마다 테를 그리며 자란다. 나이테이다. 나이테가 아름다워 찻상으로 만든 나무가 있다. 차상 위에 찻잔을 놓으니 둔탁하면서도 그윽하게 울리는 소리. 이 차상(茶床)은 우리 부부의 합작품이다.

등산길에서 앞서 가던 남편이 발걸음을 멈추고, "이것 봐. 신기하다." 하고 간벌 작업으로 인해 생긴 그루터기를 가리켰다. 다가가서 보니 나이테가 두 개인 것이, 각각의 줄기가 자라다 하나로 합쳐진 것이다. 계란 중에 유독 큰 것은 노른자가 두 개인 경우가 있는데 이 나무가 꼭 쌍란 같다. 남편은 의미심장하게 해석을 붙인다.

"이건 결혼생활을 나타내는 것과 같지 않나? 각자 자라다가 하나로 합쳐져서 같이 나이를 먹어 가는 거." 그렇기도 하다. 따로 나서 자라 한 나이테로 어울려 사는 것이 남녀의 결혼생활이 아닌가. 결혼 생활의 애로처럼 이 나무에도 옹이가 보인다. 합쳐 자라는 것도 힘들었을 텐데 옹이도 깃들어 자랐구나. 그 후에 지나다니면서 유심히 보니 가장자리가 거무스레하니 서서히 상해 갔다. 어느 날 남편이 근처에서 잘려나간 둥치를 찾아 세 조각으로 켜왔다. 각각의 높낮이가 다른 나무판을 연결해 바퀴를 달아 라커를 칠해 놓으니 근사한 차상이 되었다. 두께가 달라 찻잔을 놓으면 울리는 소리가 다르다. 두꺼울수록 나무는 그윽한 소리를 낸다. 높낮이가 다른 차상 위에 찻잔을 내려놓으며 맑게 울리는 나무의 노래를 듣는다.

나무의 울림이 멋진 탁자가 있는 수제비집이 있다. 옹이를 품고 나이 든 고목의 탁자는 울림 소리도 좋다. 새벽녘 멀리서 들리는 범종 소리처럼 그윽하게 들리는 그 소리가 좋아 먼 길도 마다않고 민들레수제비를 먹으러 간다. 크고 두터운 테이블은 중후한 멋으로 앉는 이를 편안하게 받아들인다. 지름이 1M가 훨씬 넘는 것이, 나이테가 그려내는 것만 해도 산수화 한 폭을 보는 것 같다. 군데군데 박힌 큼지막한 옹이가 멋을 더한다.

'버선목이면 뒤집어나 보이지….' 앞앞이 말 못한 사연을 이젠 훤히 드러내며, 옹이를 부드럽게 감싼 나이테가 연륜을 말해 준다. 이 정도의 크기가 아니라도 옹이가 없는 나무는 드문 것 같다. 나무도 몇 십 년을 자라면서 옹이를 지니는데 하물며 사람이 옹이가 없을까. 사람도 제 나이테로 옹이를 감싸면 상처의 아픔이 무뎌질 수 있을지 모르겠다. 내 안의 옹이를 감싸줄 나이테는 어디 있을까 하고 바라던 때도 있었다. 그러나 '세월이 약'이라는 말이 있듯이 시간이 곧 나의 나이테였다. 담담히 자신의 상처와 연륜을 함께 보여주는 앞에 자리한 탁사를 보니, 우리에게 박힌 옹이도 이렇게 감싸서 사랑해야 할 것 같다.

억새밭에서

가을 들길은 코스모스가 있어 여성적인 느낌이 난다.

여리디 여린 꽃잎은 푸르고 맑은 하늘빛 아래에서 더욱 곱다. 바람은 적당히 불고 꽃잎은 순종하는 여인네같이 바람의 양에 맞춰 하늘거린다. 어리고 연한 코스모스가 소녀 같다면 억새는 늙은 어머니 같다.

앞산에 산책을 다녀오는 길이다. 금방이라도 눈발이 내릴 것처럼 하늘 빛은 무겁고, 가을의 꽁무니에 달린 바람은 매섭다.

집 앞으로 자리한 얕은 언덕바지에는 각가지 크기의 텃밭이 자리를 하고, 텃밭으로도 관리되지 못한 빈터에는 억새가 무성하다. 바람이 부는 대로 억새는 이리 굽었다 저리 굽었다, 수그렸다가 젖혔다가 그렇게 흐르는 듯했다. 부스스한 낮빛으로 일렁이는 억새밭을 지나려는데 문득, 어머니 같다는 생각이 들었다.

억새는 봄에 새순을 틔우면 그 새순이 자라 완전한 자리 매김을 할 때까지 묵은 줄기가 제자리를 지키고 있다고 한다. 자식이 자라서 홀로 서기까지 부모의 역할을 하는 셈이다.

바람이 불자 마른 잎이 풀어져 씨를 매단 하얀 솜털이 하늘로 이리저리 흩어진다. 날아가 닿은 자리에서 새싹을 틔울 것이다.

억새밭은 떠나는 씨앗의 설렘보다 보내는 모정의 안쓰러움이 더 짙어 보인다. 품에 안고 있는 씨앗이야 새봄에 고이 키우리라면서도, 떠나보내야 하는 자식들은 차가운 땅 어디로 가서 겨울을 날 것인가. 다가올 새봄을 준비해야 하는 자식들의 분가를 서두르며 심란함을 달래고 있는 것 같다. 두런두런 곁의 줄기와 의논을 나누고 있는 듯, 어디든 가서 단단히 뿌리를 내리라고, 기반 잡을 때까지의 염려와 기원으로 몸을 뒤척이는 모습이다.

바람은 거세어지고 억새는 난분분 눈발처럼 날렸다.

나는 발길을 멈추고 한참 동안 이산의 아픈 울음을 듣고 있었다.

초보의 기도

십여 년 전, 겨울이었다. 법당 안은 매우 추웠다. 널로 된 바닥은 연륜을 말해 주듯 삐걱거리며, 절을 하고 일어설 때마다 내 무릎과 함께 신음을 같이했다.

절에 다닌 지 얼마 되지 않은 때라 법회 중에 언제 절을 해야 하는지 일어서는지, 눈치껏 다른 사람들을 따라하는 정도였다. 그런 내가 덜컥 동안거冬安居 백일기도에 동참하고 나섰다. 절집 풍습에 익숙한 친구만 믿고 시작한 기도인데, 갑자기 집안에 일이 생긴 친구는 부득이 참석하지 못하게 되었다.

유장한 스님의 염불을 따라하자니, 아예 초보인 내가 경전을 따라 읽기도 숨이 가빴다. 염불도 나름 음률이 있어 가락을 타는데, 악보가 있는 것도 아니고 서툰 음악성으로 따라하기가 쑥스럽기도 해서 입 밖으로 소리가 잘 나오지 않았다. 기도 참석자가 많은 날에는 서투름이 묻혀 좀 편한데, 공교롭게 나 혼자 기도에 참석하는 날이면, 좌불안석으로 어려운 면접관 앞에 앉아 있는 느낌이었다.

'관세음보살, 관세음보살, 관세음보살…….' 정근精勤 시간은 왜 그리도 긴지. 큰 소리로 따라하자니 애들 말대로 벌쭘(?)하고 내리 절만 하려 들면 무릎과 마룻바닥은 합창하듯, 비명을 지르곤 했다.

시험을 치르는 것 같은 시간이 흘러갔다. 그러다 문득 내가 욕심을 내고 있구나 하는 생각이 들었다. 처음이니 모르고 서툰 것은 당연할지도 모른다. 부담감이 덜어지니까 경전의 내용이 눈에 들어왔다.

스님의 독경 소리에 맞춰 경전의 페이지를 한 장 한 장 넘기던 중, 십악참회 부분에서 시선이 딱 멈추었다.

살생중죄금일참회殺生重罪今日懺悔
투도중죄금일참회偸盜重罪今日懺悔
사음중죄금일참회邪淫重罪今日懺悔
망어중죄금일참회妄語重罪今日懺悔
기어중죄금일참회綺語重罪今日懺悔
양설중죄금일참회兩舌重罪今日懺悔

악구중죄금일참회惡口重罪今日懺悔

탐애중죄금일참회貪愛重罪今日懺悔

진에중죄금일참회瞋恚重罪今日懺悔

치암중죄금일참회痴暗重罪今日懺悔

살생하고, 남의 것을 훔치고, 삿된 짓을 해서 지은 죄는 소위 신身의 죄로, 몸으로 지은 죄를 말한다. 거짓말하고 발림 말하고 이간질하고 나쁜 말하는 죄는 입으로 지은 구口의 죄에 해당하고, 탐하여 욕심내고 성내고 어리석어 지은 죄는 의意의 죄에 해당한다고 들었다.

입도 우리 신체의 일부인데 굳이 따로 떼어서 열 가지 항목 중에서 보면 40%에 해당할 만큼 큰 비중으로 했을까. 열 가지에서 세 등분 나눈 신身, 구口, 의意 중, 구口를 망어, 기어, 악구, 양설로 나누어 구체적으로 언급한 것을 보면 인간이 짓는 죄 중에서 결코 작은 것이 아님을 표현한 것이 아닌가 하는 생각이 들었다.

≪이솝우화≫에서 가장 맛있는 요리의 재료도 소의 혀이고, 가장 맛없는 요리의 재료도 혀라고 하는 이야기가 있다. 옛사람들이 가르치고자 했던 것들 중에서 입에 대한 단속이 으뜸이었구나 하는, 어설픈 해석을 해가며 100일 기도를 마쳤다.

말의 효용에 대해 공부했다고나 할까, '말조심'이란 표어가 가슴에 붙는 것 같았다. 그러나 말조심을 한다고 하는데 나도 모르게 실수를 할 때도 있다. 상대방이 어떤 느낌을 가졌는지, 무심코 한 말에 상처를 받았을지도 모를 일이다. 실수를 할지도 몰라 마음속으로 대답을 궁리하다 보면 타이밍을 놓쳐서 명쾌한 답을 못할 때도 있다. '그때 이 말을 했어야 했는데.', '이렇게 받아쳐 줄 걸.' 하고 순발력의 둔함을 자탄하기도 한다.

눈에 보이는 줄 모르고 빤한 얼굴로 저지르는 거짓과 허세, 자신의 이익을 위해 도리를 저버리는 행위들, 누군가의 이간질로 인한 오해, 교묘…. 세상은 이리저리 얽혀 그렇게 굴러가는 것 같다. 그래도 한참이나 어리석은 내가 용렬한 눈금으로 상대방을 재는 섣부른 일은 말자고 자신에게 일러본다.

추위를 아랑곳하지 않고, 비질에 곱게 양옆으로 가르마를 탄 눈길을 걸어, 절집에 가던 그해 겨울은 내 마음이 조금은 씻어지는 느낌이었다. 세월이 지나 이젠 법당에서 소리 내어 독경을 따라할 정도는 되었다. 정작 이런저런 핑계를 대어 법회에 결석을 자주하는 요즈음, '게으름중죄금일참회'도 목록에 추가해야 할 것 같다.

달빛 목욕

서울에서 심야버스를 타고 내려오는 길, 보름달이 떴다. 차창에 걸린 달은 영락없이 남南으로 오게 생겼다. 이러저러하다보니 막차를 놓쳐서 밤을 가로지르는 버스를 타게 되어 심신은 더욱 피로하다.

산은 허리선을 꼬고 누워 철버덕 달물에 젖어들고 한낮의 햇살에 데인 자국이라도 식히는 양, 나무는 달빛 가득한 목욕물에 몸을 푹 담그고 있는 듯하다. 날마다 새롭게 반짝이는 푸른 잎새는 밤이면 저렇게 달빛에 멱을 감아 깔끔한 얼굴로 햇살을 만났나 보다.

팔을 괴고 누운 산은 지그시 밤을 뚫고 달리는 버스를 바라보고 있다. 산천이 달빛에 젖어 쉬는 이 시간, 달을 매단 건지 달에 매달린 건지 차는 쉬지 않고 달린다. 차창은 산을 보이는 배경으로 나도 또한 비추어준다. 달을 보다가 산을 보다가 보이지 않는 나뭇잎을 보다가 나는 내 얼굴도 본다.

어린 시절, 우리 집 건너편 언덕에 큰 나무가 있었다. 당산나무라고 불렀는데 어른들 서너 명이 팔을 둘러야 할 만큼 우람한 둥치로 나무 중간에는 하늘이 보이는 구멍도 커다랗게 뚫려 있었다. 낮에는 그 그늘에서 소꿉놀이도 하고 집에서 못 보던 큰 개미 구경도 하는 놀이터이지만, 밤이면 무서워 보였다. 낮에 느낀 산들거리는 바람과 푸른 잎 사이로 들리던 매미 소리, 거칠지만 따스하던 나무의 감촉은 생각나지 않고 이야기책 속의 도깨비가 검은 나뭇가지 사이에 달려있지 않나 하는 생각으로 대문 밖에 있는 화장실에 갈 엄두가 나지 않았다.

그때부터 어둠은 공포였다. 어둔 밤길을 터벅거리며 심부름을 할 때면 혹시 나는 주워다 기른 아이가 아닐까 하는 생각까지 들었다. 싫은 것이 아니라 두려운 것, 어둠에 대한 공포는 머리 감을 때에 눈을 감아야 하는 것까지도 무섭게 했다. 고등학교 시절, 수업시작 전에 걸핏하면 단체기합을 주는 선생님이 있었다. 책상 위에 꿇어앉아 눈을 감으라는 거였다. 나는 평소 소심한 모범생(?)이었음에도 이때만은 반항심으로 두 눈을 크게 뜨고 앉아 있었다.

"너, 왜 눈 뜨고 있어. 눈 감아."

"무서워서요."

별 이유 없이 벌 받는 것도 불만이었기 때문에 혼날 각오하고 대꾸했는데 선생님도 어이가 없는지 웃었다.

지나간 시절이 달빛 강을 따라 흐르고 있는 것 같다. 진즉에 이 달빛의 여울에 빠지는 재미를 알았더라면 그 두려움은 없지 않았을까. 달 여울에 멱을 감는 나무처럼 날마다 반짝일 수 있었을까.

달빛에 책을 읽었다는 옛사람 얘기를 떠올리며 온 가족이 밤 드라이브를 즐긴 적이 있다. 어린아이들은 당연히 이해되지 않는 이야기지만 나도 사실은 그럴 수 있을까 하고 조금은 궁금했기 때문이다. 가을 보름달이 휘영청 뜬 날, 대낮과는 다른 분위기로 환하게 밝은 길을 천천히 달빛을 음미하며 산양일주도로를 한바퀴 돌았다. 책뿐만 아니라 바느질도 할 수 있겠다는 생각이 들 정도로 달은 밝았다.

두서없는 생각이 꼬리를 물고 이어지는 사이에 버스는 터미널에 이르렀다. 눈에 익은 풍경으로 날 맞는 동네 어귀에서, 고개를 젖혀 따라온 달을 쳐다본다. 따라온 달도 지쳤는지 도심의 가로등에 색이 바랜다. 밤새 너와 나 사이에 오간 얘길랑 잊어다오. 여독에 지친 달에게 작별의 손을 흔든다. 달빛 여울에 씻은 개운한 얼굴로 내일이면 햇살도 새로울 것 같다.

향기 열쇠

올여름에는 치자꽃 향기를 놓쳤다. 꽃 필 무렵, 등산을 자주 가지 않아 꽃을 보지 못했다.

모처럼 들른 산사山寺, 마당의 치자나무는 꽃잎을 다 떨궈내고 그 자리에 열매를 앉혀 햇볕에 익히고 있었다. 초록 잎 사이로 유백색의 치자 꽃은 지친 듯이 늘어져 피는데 향기는 달콤하고, 부드럽게 상쾌하다.

법당에서 기도를 하고 나오면, 치자꽃도 부처님께 향 공양을 올리는 듯 절 마당을 향기로 가득 채우곤 했다. 비오는 날에는 더욱 향이 진했다. 안개가 산봉우리에서 내려와 대웅전 뒤, 대나무 숲을 거쳐 마당에 가득 차고, 물방울은 치자꽃 향을 한껏 머금는다. 그 향기

캡슐은 내 몸이 움직이는 대로 와 닿으며 톡톡 터진다. 장마철 절집의 고즈넉함을 은은하게 감싸던 치자꽃 향은 심신이 지친 날이면 더욱 살갑게 다가와 내 어깨를 토닥여 주는 것 같았다.

건강이 많이 나빠져 그 해 여름은 주사와 약과 기도로 보냈다. 서울 큰 병원으로 오르내리며 치료를 받은 지 일 년여. 치료가 끝난 때는 다음해 봄, 오월이었다.

마지막 검사 결과, 내 몸에서 C형간염 바이러스가 모두 사라졌다는 통보를 받았다. 그때의 기분을 어떻게 표현할 수 있을까. 온 세상이 환히 빛나는 가운데 코끝으로 스며드는 향긋한 냄새. 라일락의 향기였다.

병원 건물 사이 화단 곳곳에, 흐드러지게 핀 라일락꽃이 화창한 하늘 아래에서 흰빛으로, 보랏빛으로 노래하고 있었다. 그 노랫소리는 숨결을 타고 내 온몸으로 퍼졌다. 축하 인사 중에서도 최고라는 생각이 들었다.

어느 시인은 라일락꽃을 “천개의 눈과 손마다 향낭을 움켜쥐고 나와 천지를 그윽하게 물들이는 보살”이라고 표현하기도 했지만 그날의 라일락 향기는 감사하고 감사했다.

해마다 꽃은 피고 향기도 여전할 것이다. 그러면 나는 그 향기 열쇠로 추억의 서랍을 열 것이다. 힘들 때에는 위로하듯 곁에 있어 주었고, 환희의 순간에 같이 웃어준 친구들.

봄날이면 축복의 향기로, 여름날이면 위안의 향기로.

커피와 빗소리

문학단체의 여름행사에 가는 길이었다. 선배와 둘이 떠난 길에 비가 많이 왔다. 도중에 김 교수님 댁에 들르기로 하였다. 부부 두 분이 우리 동인인데 부인인 정 선생님의 건강이 안 좋다는 소식을 들은 터였다.

숲 속에 자리한 집은 산안개와 비에 갇혀 조용하리라 생각했는데 이층 거실에 앉으니, 장중하게 베토벤의 음악이 울려대고 창밖에 쏟아지는 빗줄기는 초록 나뭇잎을 배경으로 멋지게 사선을 그어대고 있었다.

유독 빗소리가 크게 들렸다. 빗물받이 홈통이 중간에 떨어져 거기서 물이 세차게 쏟아져 내리는 것이었다. 외진 단독주택이라 이웃의 눈치 볼 것 없이 한껏 볼륨을 높인 선율에, 홈통 중간에서 아래 양철 홈통을 때리는 빗소리는 묘한 조화를 이루며 귀를 즐겁게 했다. 손수 내려서 코냑 한 방울 떨어뜨린 커피는 커피대로 향기를 품고, 비 맞은 나무들은 나무들대로 향기로운데, 쌓인 책이며 도자기, 벽에 걸린 그림까지 저마다 세월의 향기를 내고 있었다. 그날의 빗소리는 멋있고 아름다웠다.

빗소리 중에서도 듣기 좋은 순위를 꼽자면 산사에 내리는 비도 한몫을 한다. 절집에 오는 비는 기와지붕의 골을 타고 내려와 처마 밑 자갈이 깔린 죽담에 떨어지며 노래를 한다. 한 방울에 한 음 절. 정직한 울림이다. 실로폰이나 벨소리 합주단처럼 제각기 내는 소리에도 꼭 같은 소리는 없다.

각각의 여운으로 합주를 하는 모습에 산안개는 게으른 몸짓으로 어슬렁거리며 내려오고, 대숲에서 입김을 불듯 바람이 일면 바람 소리와 빗방울 소리는 그예 하모니를 이룬다.

맑고 높게 톡, 톡 튀는, 자갈에 떨어지는 소리도 좋지만 대나무 잎새에 떨어지는 소리는 자잘한 속삭임으로 온다. 커다란 우산 속에서 듣는 빗소리도 좋다. 우산을 쓰고 나무 아래를 지날 때 갑자기 듣는 둔탁한 빗소리도 매력이 있다. 나뭇잎들을 타고 내려오다 빗물이 많이 모여 내리는 소리는 투박하고 무뚝뚝하다. 대숲에 내리는 빗소리가 상냥한 서울 말씨 같다면 이 소리는 심지 굳은 산골 아낙네가 툭하고 핀잔하는 소리 같다.

양철 지붕에 내리는 소리는 힘차고 씩씩해서 좋다. 빗소리를 듣기에는 양철 지붕이 더 좋은 것 같다. 요즈음 주택에는 잘 쓰지 않는 자재이지만 우리 어릴 적에는 흔히 볼 수 있었다. 기와 지붕인 집이라도 처마를 양철로 하거나 건넌방에 달아낸 부엌의 지붕은 양철로 대강 얹어 두기 마련이라 비오는 날이면 툭툭거리는 합주 소리를 들을 수 있었다.

빗소리에 어울리는 찻잔을 마주하면, 햇차 봉지를 열면서 우전이라고 자랑을 해대는 차인의 허풍(?)도 귀엽다.

아파트에서 듣기 어려운 빗소리가 들린다. 중앙집중식 난방에서 개별난방식으로 바뀌면서 각 세대에 가스보일러를 설치했다. 작은 스테인리스 연통이 베란다 유리창에 자리를 잡았는데 거기서 투두둑 소리가 나는 것이다. 원두를 볶아 드립한 커피가 아니면 어떠랴. 인스턴트 커피를 진하게 타서 뒷베란다 창가에 선다. 옹색한 소리지만 제법 연주를 한다. 교수님 댁의 홈통은 고쳤을까. 교수님은 돌아가셨고 정 선생님은 병환이 더 깊어졌다는 소식을 들었다. 비가 세차다. 이런 날 그 숲에서는 또 어떤 소리로 내릴까.

지심공료료견知心空了了見

요즘은 시간을 정해놓고 일과처럼 산에 간다. 맑은 공기와 적당한 운동이 건강에 많은 도움이 되는 것 같다. 처음에는 몇 번을 쉬어가면서 오르던 길을 이젠 별 의식하지 않고 오르막을 오르니 많이 여물어졌다고나 할까.

작년에 여고 동창들과 중국 여행을 다녀왔다. 평소 내 건강상태를 아는 친구들이 "영희, 챙겨라. 우다야 된다이." 하고 걱정해 주었다. 내심 내 건강에 무리이진 않을까, 중간에 컨디션이 나빠져 내 고생하는 것은 둘째 치고, 친구들에게 폐를 끼치지나 않을까 걱정을 많이 했었다. 장가계張家界란 곳이 걷고 또 걷는 곳인데도 일행에서 뒤처지지 않고 즐겁게 여행을 마칠 수가 있었다.

귀국 길에서의 친구들이 내린 결론은 "네가 산에 다니는 것이 참 좋은 모양이다." "우리도 등산 열심히 하자." 등산을 규칙적으로 한 것이 내 체력에 많은 도움이 되었음을 실감할 수 있었다.

산에 다니는 것이 육체적인 건강만 얻는 것이 아니다. 또 다른 소득은 마음의 평화를 얻을 수 있다는 것이다.

산길을 걷다 보면 생각의 깊이가 더해지는 것 같다. 천천히 걸으면서 생각을 하다 보면 헝클어진 문제가 정리되면서 마음이 편안해질 때가 있다.

누군가가 미워서 마음이 부글부글 끓어올라 괴로운 적이 있었다. 온종일 머릿속에서 맴도는 생각으로 밥맛은 물론 잠 맛도 달아날 지경이었다. 그 날도 무거운 마음으로 산길을 뚜벅뚜벅 나 혼자 걸었다. 평소에 들리던 새소리도 귀에 들어오지 않았다. 얼마쯤 걸었을까. 오르막을 지나 가쁜 숨을 고르고 있는데 내 머릿속으로 확 불이 당기듯 순간 스치는 생각이 있었다. '내 안의 나도 어쩌지 못하는데, 내 안의 나만 해도 버거운데, 왜 남을 내 맘에 들지 않는다고, 내 안에 들어오지 않는다고 괴로워하고 있나.' '남이 내 마음에 들지 않는다고 내가 괴로워할 이유가 없다.'라는 생각에 이르자 마음이 홀가분해지면서 기분이 두둥실 괴로움이 싹 가신다.

땀난 이마에 한 줄기 바람이 스치듯.

등산길에 자주 들르는 절 입구 돌기둥에 이런 글귀가 새겨져 있다. '知心空了了見' 그 앞을 지나다닌 지가 2, 3년인데 그동안에는 아무 감흥이 없다가 어느 날 그 의미가 어렴풋이 손에 잡히는 것 같았다. 이건 정답이 아닐지 모르지만 짧은 내 실력대로 생각하건대, '마음이 공空함을 알면 더 알 것이 없다. 더 보고 알 것이 없이 견성에 이르는 것이다.' 뭐 이런 뜻이 아닌가 한다.

마음을 비운다는 것이 공空인지, 어떻게 마음을 비우는 것인지, 허공과의 경계를 없애고 그 경계선을 허물어 하나가 되는 것이 어떤 것인지 아직은 잘 모르겠다.

혹여 '마음이 어디에 있느뇨?' 하고 물으면 그에 대한 대답은 궁색하기 그지없다. 아직 마음을 비우기 어려운 중생이니 비추이는 달이나 이지러지지 않게, 수면水面을 유리처럼 매끄럽게 나듬을 뿐이다. 이런 생각도 산길을 걸으며 얻을 수 있는 큰 수확이다.

'知心空了了見.' 이 말의 의미를 다시 생각해보며 내 심신의 건강을 위해서 오늘도 산으로 향한다.

흙이 돌에게

산길을 걷다가 보면 발길에 차이는 돌멩이들. 흙이 뱉어 놓은 것 같다. 흙이 잘 다져진 길은 걷기에 편하지만 당연히 돌멩이가 구르는 길은 발밑이 조심스럽다. 돌이 많은 길은 시선이 발밑으로 향한다. 고개를 숙이며 걷는 길은 생각이 많아진다. 내 안을 들여다보며 걷는 셈이다. 발길에 차이는 돌멩이. 이들은 어디서 왔는가.

인류가 나타나기 이전부터 바위들은 있었을 것이다. 누군가 새로 만들어 우리 앞에 있는 바위는 없다. 콘크리트로 만든 인공구조물은 바위를 흉내 낸 조형물일 뿐이다. 이 세상의 자연 요소들 중에서 가장 오래되어 그것도 커지는 것 없이 작아지기만 하는 성질. 동굴 속의 종유석, 그것도 결국은 돌이 물에 씻겨 다시 엉켜 생성된 것임에.

커다란 바위가 잘게 쪼개져 흙이 되기까지 얼마나 많은 세월이 흘렀을까. 얼마나 많은 바람이 불고 얼마나 많은 비가 오고, 눈을 맞고 천둥 번개에 자지러졌을까.

'바윗돌 깨트려 돌멩이, 돌멩이 깨트려 자갈돌, 자갈돌 깨뜨려 모래알…….' 이런 순順으로 변화되어 가는 자연의 사이클에서 보면 바위가 작아지고 작아져서 모든 생물과 무생물의 부식과 산화의 결집체가 흙이 아닌가 한다. 오랜 세월 우리가 헤아릴 수 없는 시간 속에서 만들어진 토양은 모든 것을 받아들여 품고 삭여낸다.

흙이 받아들이지 않는 것은 없는 것 같다. 생물이든 무생물이든 결국에는 흙으로 돌아가 흙이 되는 것이다. 커다란 바위가 갈라지고 쪼개져 이 발밑에 구른 돌멩이가 되기까지의 세월은 지구가 생성된 역사와 비슷하리라.

그러나 세상의 모든 생물을 키워내는 흙에게는 돌멩이는 성가신 존재이다. 사람들은 밭에서 돌멩이를 골라내고 산길에선 따로 모아 쌓아두고 기도를 들어달라는 의무를 부여해 탑이라는 이름으로 세워 두기도 한다.

지금 발길에 차이는 이 돌들은 뭔가. 얌전히 박혀 있으면 좋으련만 모나게 굴다가 흙에게 이런 핀잔이나 들으며 쫓겨난 건 아닌가?

'너, 나처럼 되려면 아직 멀었다.'

더 잘게 부서져 흙이 되든지, 아니면 둑이 되어 빗물에 씻기는 흙을 감싸고 있든지, 발끝으로 돌을 차내며 잠깐 해본 생각이다. 돌멩이도 할말은 있을 터. 또르르 굴러가다 더 큰 돌에 딱! 하고 부딪히고 멈춘다. 길섶의 나지막한 돌탑의 정수리에 얹어 주어야겠다. 온 정성을 모아 내 염원을 성취하는 역할을 주어 돌무더기 위에 놓는 순간, 흙에게 할말이 있으리라.

'나, 너처럼 되기에는 아직 꿈이 많다.'

2.
어느 그림 앞에서

〈축제〉(20호)

사랑의 주머니

기선이네 마당에 서면 하늘이 보이지 않았다. 마당 가득히 들어찬 포도 넝쿨 때문이다. 그리 넓지 않은 마당에 어리는 포도나무 잎 그림자는 동화 속 그림의 한 부분인 듯했다. 일곱 살짜리에게는 그보다 더 좋은 집이 없을 것처럼 여겨졌다. 지금 생각하면 하나도 특색이 없는 평범한 단독주택인데 포도나무 때문이었으리라.

익어갈수록 투명한 연두색이 되는 청포도는 예쁜 구슬로 이루어진 샹들리에 같았다. 대나무로 엮은 지지대를 거쳐 포도 가지는 누운 듯 뻗어나가고, 아래 그늘에 평상이 놓였다.

그 집에 고양이가 한 마리 있었다. 평상 아래가 녀석의 쉼터인 듯, 발소리도 안 나는 걸음으로 어슬렁거리곤 했다. 긴 꼬리를 곧추세워 등을 동그랗게 만들어 기지개를 켜거나 평상 위에 올라 앉아 앞발로 얼굴을 쓰다듬거나 하는 모습을 보면서 나는 그 꼬리가 사뭇 신기했다.

'저 꼬리 속에는 아마 뱀이 들어 있을 거야. 그래서 저렇게 길지.' 내 나름대로 결론을 내렸다. 그러던 어느 날, 며칠 만에 놀러 가서 보니 고양이 꼬리가 뭉툭하다.

'어? 고양이 꼬리가 왜 짧아졌을까? 꼬리 속의 뱀이 나가 버렸나 보다.'

궁금증을 안고 기선이 집을 나와 상투할아버지 집 옆으로 지나려는데 벽돌 담 사이에 큰 뱀 한 마리가 떠억 하니 똬리를 틀고 있지 않은가.

'아하! 기선이 집 고양이 꼬리에서 나간 뱀이구나. 그래서 꼬리가 짧아졌구나.' 고양이 꼬리는 뭉툭해지고, 바로 이웃해 있는 집 담에서 뱀을 봤으니 평소 추측이 믿음으로 자리하게 된 것이다. 고양이가 바뀐 것이라고는 생각을 못했다. 줄무늬가 비슷해 내 눈에는 같은 고양이로 보였으니까.

이 훌륭한(?) 생물지식은 다른 곳에도 적용이 되었다. 더운 여름날, 일을 마치고 오신 아버지께서 마당에서 등목을 하곤 마루에 걸터앉아 발을 닦고 계셨다. 울퉁불퉁한 아버지의 다리 근육이 신기했

다. 불룩한 주머니 같은 것에 뭐가 가득 들어 있는 것 같았다. 나는 아버지의 다리를 가리키며

"아부지, 여기에 쌀 들어 있지요?" 하고 물었다. 아버지께선 기분 좋게 허허 웃으셨는데 아마 어린 딸의 엉뚱한 상상이 재미있으셨나 보다. 내가 기억하는 아버지의 모습 중에서 제일 젊은 모습이다.

아버지께선 그 질문에 딱히 대답하지 않으셨지만 세월이 감에 따라 언제랄 것도 없이 알게 되었다. 고양이도 나름대로의 외모가 있고 제각각 털 무늬가 다르다는 것을. 꼬리는 긴 것도 있고 짧은 것도 있고, 뱀하고는 조상 저 윗대부터도 상관이 없는 동물이라는 것을.

고양이 꼬리에 뱀이 들어 있다고 생각한 것은 모자란 생물 지식 때문이었다. 하지만 나이가 들어갈수록 아버지의 종아리에 쌀이 들어 있다고 생각한 것은 영 엉뚱하지만은 않았다고 여겨진다. 쌀만 들어있는 것이 아니었다. 자식들이 자라면서 필요한 모든 것이 거기에서 나왔다.

먹고 살기에 바빠 따로 운동이 필요하다는 생각도 못하던 시절, 힘든 노동으로 생긴 울퉁불퉁한 팔다리의 근육은 아버지의 훈장이었다. 닭 가슴살을 먹어가며 헬스클럽에서 다듬은 것보다 훨씬 아름다운 근육, 그 알통이 쌀 주머니만은 아닌 사랑의 주머니이다.

세상의 모든 어버이들이 지니는 자식을 향한 주머니는 크기를 가늠할 수가 없다. 용량을 잴 수 없는, 비우는 즉시 다시 사랑으로 속이 채워지는 주머니. 그 사랑도 모자란다고 투정을 부리기도 했었다. 받기만 하고 당연히 받을 줄만 알고 자란 자식이, 후에 제 자식 낳아 기르면서 숙명처럼 또 가슴에 품는 주머니.

부모의 자리에서 내 주머니를 가늠해 보니 영 자신이 없다. 한없이 큰 듯하다가도 이내 너무 작은 것 같아 미안하기만 하다. 내 아이들을 위한 주머니에 무얼 채우고 있을까. 나름대로 열심히 한다고 한 것 같은데 돌아보면 아쉬운 것이 하나 둘이 아니다. 세상을 향한 날갯짓에 도움이 되기를 바라는 마음, 기도만이 간절하다.

어느 그림 앞에서

비엔날레라는 낯선 이름의 전시회가 열린다는 소식에 아이들을 데리고 구경을 갔다. 실험적인 현대미술은 아리송하기도 하고 뭔가 많은 메시지를 담고 있는 것 같다. 문외한으로 너른 전시장을 도느라 피곤해질 때쯤, 한국 근대작가 전시장이란 곳에 이르렀다.

이리저리 둘러보다가 어느 그림 앞에 섰다. 고개를 약간 외로 꼰 단발머리 소녀가 그려진 그림, 박수근의 〈골목길〉이란 작품이다. 오래전에 헤어진 피붙이를 불쑥 만난 느낌이다. 감전이라도 된 듯, 두 발이 얼어붙고 가슴이 먹먹해지더니 콧등이 싸아 하면서 눈가가 맵다. 내 유년이 화석이 되어 하나의 그림으로 벽에 걸려 있다.

"엄마, 왜 그래요?" 하는 아이들에게 대답을 할 수가 없다. 목울대가 빽빽해서 짐짓 딴청만 부렸다.

유년의 골목길엔 해 질 녘, 된장찌개 냄새가 퍼지고, 어머니의 짜증어린 채근이 들리고, 등에는 벌써 기저귀가 흠뻑 젖어버린 동생이 하나 업혀있다. 단단히 동여맨 포대기 때문에 꼼짝을 못하고 고개를 마루 끝에 대고 엎드려 있곤 했던 열 살 남짓한 계집아이 하나, 삼십여 년의 세월을 뛰어넘어 액자 속에 들어 있는 것 같았다.

몇 년 후, 서울 모 화랑에서 박수근의 전작 전시회가 열린다는 기사를 보았다. 오로지 그의 그림을 보기 위해 심야버스를 탔다. 새벽녘, 낯선 곳을 헤매어 찜질방에서 한숨 붙이고, 아침 일찍부터 화랑에 갔다. 국내에서는 최대로 수집해 놓았다는 많은 작품들. 흥분되고 떨리는 가슴으로 전시장을 몇 바퀴나 돌았다.

딸아이의 책가방을 그린 것이나 아들의 얼굴을 그린 따뜻한 아버지로, 인간의 선함과 진실함을 그려야 한다는 평범한 견해를 가진 예술인으로 그는 영원히 살아있음을 보여준다. 박수근의 그림 속에서는 늘 바람 소리가 나는 것 같다.

선량하지만 무능한 남자들, 그런 남자의 아내로 억척스러워질 수밖에 없었던 여자들, 나무는 늘 겨울 속에 있고, 인간의 신산한 삶이 묻어나오는 그림들 앞에서 가슴이 애잔하면서도 행복하고 감사했다. 포스터 몇 장과 〈아기 보는 소녀〉 인형을 사들고, 길 건너편 경복궁으로 갔다. 너른 궁궐 마당 한쪽에 오랫동안 앉아 있었다. 전시장에서 받은 감흥을 진정시키기 위해서였다.

박완서의 소설 〈그 남자의 집〉이란 작품 속에 박수근에 관한 이야기가 있다. 강원도 양구에 있는 박수근 기념관에서 그의 그림만 보면 눈물이 날 것 같다는 여인이 등장한다. 세상에 나 같은 여자가 또 있구나 싶어, 소설 속의 그 여인이 무척 반가웠다.

언젠가는 양구에도 한번 다녀올 생각이다. 그의 작품이 많이 있지는 않지만 박수근이란 화두에 흠뻑 취해보련다. 큰 욕심 내지 않고, 돈이 많이 없음에 그리 불편하지 않다가도 로또를 하나 사 볼까 하고 허황한 생각을 하는 순간이 있다. 해외 경매에서 그의 그림이 큰 액수에 낙찰되었다는 소식을 접할 때이다. 붓질의 숨결을 느낄 수 있는 진품을 가질 수 있다면 얼마나 좋을까. 오늘도 서민의 한계를 실감하며 그의 화첩을 열심히 뒤적이고 있다.

나의 빨래터

소쇄원에 다녀왔다. 소쇄 하고 발음하면 청대 숲의 바람 소리가 입술에 먼저 와 닿는 듯하다. 푸른 대나무는 보기 좋게 숲을 이루고 계곡은 계절 탓인지 수량이 많지 않았다. 자연을 충분히 살린 옛 시대 대표적인 정원답게 격과 운치가 멋스럽다.

계곡을 낀 정원까지는 꿈도 못 꾸고, 집 앞으로 개울물이 흐르는 곳에 살면 얼마나 좋을까 하고 상상을 해본다. 어릴 때부터 냇가에서 빨래하는 걸 좋아했다. 빨래를 한다기보다 빨래하는 어머니 곁에서 물놀이를 하는 것이다.

수도가 귀하던 시절, 계절이 바뀌어 빨랫감이 많이 나오거나 가뭄에 우물물이 달리면 어머니는 큰 대야에 옷가지, 비누, 방망이 등속을 담아 수건을 배배 틀어 똬리를 만들어 괴어 이고, 고개 너머 장대고랑으로 가곤 했다. 편편하게 맞춤한 자리를 골라 앉고 빨래에다 비누칠을 쓱쓱 하여 치대면 거품이 인다. 방망이로 땅땅 두들겨 입으로는 쓰-하는 소리를 내며 냇물에 풍덩 담갔다가 다시 돌 위에서 치댄다. 냇물은 하얗게 변했다가 순식간에 비눗물을 밀어내듯, 아래로 흘려버리는데 물풀 위로 비눗방울이 동동 뜨기도 했다. 그래도 그 아래로 작은 물고기며 올챙이가 있었으니 요새 세제와 달리 비누도 순했다.

여름날이면, 동네 아주머니들과 아이들이 총출동해서 냇가로 갔다. 나뭇가지를 모으고 큰 돌을 괴어 대야에 빨래를 삶아 헹궈 너럭바위에 이리저리 펼쳐 널고 솥을 걸어 점심을 해 먹었다. 발을 간질이는 냇물은 끝없이 노래하듯 흐르고, 초록 풀밭 위로 눈부시게 빛나는 빨래들을 보다가 하늘을 보면 눈이 조금 아프고 눈물이 났다. 빨래를 널어놓은 듯 구름이 하얗게 펼쳐져 있었다. 머리를 감다가 잠시 눈을 떠보면 하늘은 물에 내려와 거꾸로 풍경을 전하고 있었다. 그런 재미에 흠뻑 빠져 동네 언니를 조르다가 여의치 않으면 혼자라도 가곤 했다. 빨랫감은 못 얻고 걸레만 들고 가서 방망이로 두들겨 빨았다. 처음엔 방망이 아래에서 푸석거리다가 이내 착 감기듯 섬유가 부드러워지는데, 헹구고 헹구고 대야도 씻고 또 씻고 냇물에 발을 담그고 앉았노라면 내 마음까지 깨끗해지는 것 같았다.

나만의 멋진 궁궐을 짓는 마음으로 돌들을 쓰기 좋게 배치하고 물풀도 치워 두어도, 다음에 가보면 이끼가 끼어 있거나 물이 말라 있어 실망을 할 때도 있었다. 비가 많이 왔다거나 가뭄이 들어서 그렇다거나 하는 요량이 없을 때였다.

비 오는 날이면 골목으로 흐르는 흙탕물이 좋은 놀잇감이 되었다. 넓적한 풀잎을 떼어다 겹쳐 연결하여 돌 틈에 꽂아 수로를 만들었다. 뒤란의 빗물을 작은방 안 쓰는 부엌 쪽으로 물길을 뚫기도 하였다.

나이 들어서도 계곡에 가면 더없이 좋다. 피서를 간다고 하면 계곡을 먼저 꼽는다. 바위 사이로 흐르는 맑은 물을 보는 것도 즐겁고 그 물소리를 듣는 것도 행복한 일이다.

발을 담그고 물소리, 바람 소리, 매미 소리, 새 소리……. 거기에 맵시 있는 까만 물잠자리라도 하늘하늘 풀 위를 날아다닌다면 도화桃花가 흘러가지 않더라도 별유천지비인간別有天地非人間이 아닌가.

계곡물이 흐르는 풍광 좋은 집에 살기는 불가능한 현실에 어느 날, 아파트에서 나만의 빨래터를 만들기로 하였다. 남편이 감상용으로 구해온 수석을 눕혀 놓으니 넓적한 모양새가 빨래판으로 안성맞춤이다. 아까운 것을 그런 용도로 쓰냐며 나무라지만 두고 바라만 보는 것보다 내 손으로 느끼는 감촉이 더 좋다. 커다란 옹기 그릇에 수도 호스를 걸쳐놓고, 하얀 비누거품이 풍성하게 빨래를 치댄다. 발에는 타이어표 검정고무신. 빨랫방망이를 쓸 수 없음이 아쉽기는 하지만 기분만은 계곡 어디쯤 와 있는 것 같다.

오래된 친구

내게는 아주 오래된 친구가 하나 있다. 세상을 살다가 어이없는 일도 당하게 마련이다. 그때마다 기억의 저편에서 슬그머니 나타나 나를 위로해주는 친구. 평소에는 까맣게 잊고 살다가 한 번씩 생각나서 어깨를 툭 치며 시린 가슴을 다독여 주는 친구. 그 친구는 사람도 아니요 어떤 형체를 지닌 물건도 아닌, 다음에 소개하는 시조 한 수이다.

대천 바다 한가온데 중침中針 세침細針 빠지거다
열 나믄 사공 놈이 긋 므된 사엇대를 긋긋치 두러 메여
일시에 소 릐 치고 귀 꿰어 내단 말이 이셔이다

님아 님아 온 놈이 온 말을 ᄒᆞ여도 님이 짐작ᄒᆞ쇼셔.

내 나름대로의 해석으로 말하자면,

큰 바다 한가운데 중간 바늘, 가는 바늘이 빠졌습니다
여러 명의 뱃사람들이 끝이 무딘 삿대를 둘러 메어
한번 소리치고는 바늘귀를 꿰어 건져 냈단 말이 있습니다
님이시여, 백 사람이 백 가지 말을 해도 님이 정확한 판단으로 헤아려 주소서

이 친구를 만난 곳은 우리 집, 식당방이라고 불리는 부엌에 딸린 아주 조그만 방이었다. 그 골방에는 앉은뱅이책상이 하나 있었다. 지금 생각해 보니 그 모양이 문갑에 가깝다. 기역자로 다섯 개 달린 서랍 속은 보물창고 같아 구경할 것이 많았다.

일본 유학을 마치자마자 가정에 힘이 되지도 못하고 병으로 일찍 돌아가신 할아버지, 그 할아버지가 남긴 영원한 청년 모습의 사진, 어린 나이에 떠안은 가장의 무게로 힘겨웠을 아버지의 스산한 소년 시절의 소지품이며, 할머니 혼수품인 듯 은으로 만든 귀지개, 두껍고 짙은 갈색의 큰 삼각자, 작은아버지의 문집 등등 나름대로의 의미를 갖고 있는 잡동사니들이 칸칸이 들어있었다. 다섯 개의 서랍을

하나하나 열어 보노라면 갖가지 이야기들이 튀어나오는 듯 재미있기도 했다.

내가 중학교에 갓 입학해선가 그 전인가. 그날도 하릴없이 서랍 속을 이리저리 뒤적거리다가 발견한 한 권의 책은 우리가 학교에서 배운 시조들이 실려 있는 것이었다. 누렇게 색이 바랜 책은 아마도 작은 아버지가 학창시절 쓰던 교과서가 아니었을까.

"동창이 밝았느냐 노고지리 우지진다/ 소 치는 아이는 상기 아니 일었느냐/ 재 너머 사래 긴 밭은 언제 갈려 하느냐"

"지당에 비 뿌리고 양류에 내 끼인 제/ 사공은 어디 가고 빈 배만 매었난고/ 석양에 짝 잃은 갈매기만 오락가락하느라"와 같은 시조들은 그때 낯익은 내용에 반가운 마음으로 읽어보다가 발견한 것들이다. 이 시조들을 비교적 정확하게 외우는 이유는 경이로움 그 자체였기 때문이다.

이때 익힌 시조들이 절로 입안에 맴도는 때가 가끔 있었다. 인간 사회가 자로 잰 듯, 두부 자르듯 단순 명쾌한 것이 아니어서, 복잡하고, 다들 내 마음 같은 것만도 아니어서 외롭고, 그렇다고 나 또한 완벽한 것이 아니어서 자괴감이 들 때, 서로에 대한 정답을 미리 써놓고, 거기에 들어맞지 않다고 괴로워하고 미워하기도 하면서, 상처를 주고받고, 내 진실이 퉁겨져 마음을 때릴 때면, 문득 문득 떠오르는 것이 이 시조였다. 혼자서 가만히 읊조리노라면, 내 마음 아는 이, 이 세상 어딘가에 한 사람은 있겠지 하는 생각으로 위로가 되었다.

이 글을 쓴 이는 어떤 일을 당하고 또 얼마나 억울했으면 이런 한탄스런 글을 남겼을까. 이 글이 실린 ≪청구영언≫은 1728년(영조 4년) 김천택이 고려 말엽부터 편찬 당시까지의 여러 시조들을 모아놓은 책인데, 세상에 허황된 일도 많으니 속지 마시라 하는 뜻의 풍자시라고 한다. 또 다른 판본도 있다 하여 이것도 소개하여 본다.

> 대천大川 바다 한가온ᄃᆡ 듕침中針 세침細針이 풍덩 빠디거다.
> 열나믄 사공沙工들이 긋 므딘 사엇대를 긋긋치 두러 메여
> 일시一時에 소리 티고 귀 꿰여 내닷 말이 이셔이다.
> 뎌 님아 열 놈이 ᄇᆡ百말을 ᄒᆞᆯ디라도 님이 짐쟉斟酌ᄒᆞ쇼셔.

실타래

외할머니는 우리 집에 가끔 오셨다. 하룻밤 주무시면서 어머니와 두런두런, 이런 이야기 저런 이야기를 나누었다. 나는 곁에 누워 자장가삼아 얘기를 듣곤 했다. 집에 손님이 오면 좋았고 그건 다른 이야기를 들을 수 있어서였다. 누구든 붙잡고 "이야기해 줘." 하고 졸라댔는데, 친척 언니나 오빠는 "옛날이야기 좋아하면 빌어먹는다더라." 하고 엄포를 놓기도 했다.

외할머니는 영화 본 이야기를 잘해 주신 것 같다. 영화를 보고 와선 애들 키우느라 정신없이 사는 당신의 딸에게 차지고 맛깔스런, 구수한 입담으로 영화를 다시 보여주는 듯 이야기를 하셨다. 그날도 영화 이야기보따리를 풀어놓았는데, 지옥이 어떻고 천당이 어떻고 하는 내용이었다. 아기들이 이 세상에 태어날 때, 자기들이 먹고 살 수단의 기구나 도구들을 각자 하나씩 손에 지니고 나오더라고 했다. 그런 이야기 끝에 목수 일을 하는 당신의 사위를 일컬어, "유 서방은 대패나 톱이나 그런 거 갖고 났는갑다." 하시며 웃는 모습이 기억에 남아 있다. 그 모습도 모습이려니와 그때 한 가지 의문도 화살처럼 내 머리 속에 박혔다. 태어날 때 내 손에는 무엇이 들려 있었을까 하는 궁금증이었다. 초등학교 오륙학년의 나이로 꽤 심오한 생각을 한 셈이었나.

그 후 성인이 되었을 때, 이런 생각이 다시 불쑥 들었다. '개개인의 손이 들려 나오는 것은 알 수 없지만, 우리 모두 공통으로 들고 나오는 것은 하나 있구나.' 그것은 운명의 실타래라고 할까. 태어나면서 죽을 때까지 각자 사람은 자기 운명의 실을 감아 가는데, 어떤 이는 반듯한 실 꾸러미를 가지고 나와 수월하게 감아 가고, 어떤 이는 헝클어진 것을 받아 나와 그 것을 풀어가며 감느라고 힘이 든다. 또 어떤 이는 바르고 넓은 길로 가서 실이 헝클어지지 않아 수월한데, 어떤 이는 길 없는 가시밭을 지나 실이 헝클어져 어렵다. 어떤 때에는 실이 잘 감길 때도 있고, 어떤 때엔 가다가 주저앉아 엉킨 매듭을 푸느라 낑낑댈 때도 있다는 생각이다.

몇 년 전, 신문에서 어느 비구니스님이 쓴 소설 광고를 보았다.

제목이 '실타래'였을 것이다. 내용이 궁금했지만 읽어보지 못했다. 맞벌이 주부로서 그때는 책 한 줄 읽을 여유가 없었다.

열심히 사는 것이 진정 어떤 것인지 모르고, 열심히 사느라고 건강을 소홀히 하여 병원에 입원을 했을 때이다. 그때의 느낌이 '아아, 내 운명의 실이 엉켰구나.' 하는 것이었다. 내 두 손에 누군가가 한 움큼 엉킨 실을 얹어 둔 것 같았다. 막막하고 억울했다.

'어떡하나, 어떡하나, 그러나 어쩌랴. 주저앉아 심호흡하고 찬찬히 풀어 볼 수밖에….'

힘들다고 시간이 흐르지 않는 것은 아니어서, 세월이 지나 오십대의 끝자락에 다다르고 보니 요즘의 생각은 이렇다. 누구한테나 들려진 운명의 실타래는 딱히 멋지고, 수월하게 무조건 잘 감기기만 하는 것은 없지 않나 하는 것이다. 잘 나가다가 어느 부분에서 헝클어져 쩔쩔매는 때가 있다. 그 양이나 횟수가 많고 적음의 차이는 있겠지만 인간에게 주어진 숙제가 그렇게 녹록지만은 않아, 어느 누구에게나 어느 만큼의 매듭은 있는 것 같다. 아무래도 운명의 실타래를 잘 감기 위한 것은 본인의 길을 잘 찾는 노력 여부가 많은 비중을 차지하고 있다는 생각도 든다. 조금 많이 엉킨 걸 들고 나왔더라도 매듭을 잘 풀어가며 잘 감아 가는 이도 있고, 수월한 실타래를 가지고 잔가지 많은 오솔길로 가 힘이 드는 경우도 보기 때문이다.

절대 행복도 없고 절대 불행도 없는 각자의 분량은 비슷해 보인다. 실이 잘 감긴다고 좋아할 것도 아니고, 지금 실이 엉킨다고 낙심만 할 것도 아니다. 묵묵히 자기가 선택한 길 위에서 최선을 다하다 보면, 어느덧 잘 감겨진 인생의 실타래가 두 손 가득 들려있지 않을까.

운동장에서

모교 교정에서 초등학교 총동창회가 열렸다. 통제영 복구사업으로 학교 건물을 무전동으로 이전, 신축한다고 한다. 어린 시절 뛰어 놀던 운동장에서의 마지막 운동회인 셈이다. 운동장은 조그마해 보인다. 아득하기까지 했던 저어기 운동장 끝이 바로 거기가 거기이다.

학교를 졸업한 지 수십 년이 지난 반백의 중년들이 모였다. 각자 지내온 세월을 잊자고 약속도 할 것도 없이 어린 그 시절로 돌아가고자 각지에서 모였다.

운동장엔 각 기수별로 천막이 설치되어 그렇잖아도 작아 보일 공간이 더욱 좁은 것 같다. 빙 둘러가며 설치된 천막 중 우리 기수의 천막을 찾았다. 우리의 나이가 적지 않음을 보여주는 동창들의 얼굴을 가만히 보니 어릴 적 얼굴이 반가운 미소 속에 묻어 있다.

천막 아래 앉아 배구 경기가 한창인 운동장을 보고 있자니 각가지 옛날 생각이 떠오른다.

우리가 학교 다닐 때엔 비만 오면 질펀한 진흙탕이 되었다. 비 온 뒤면 연탄재를 하나씩 들고 가야 했다. 이 운동장 지하 어느 지점에 그 연탄재들이 층을 이루고 있으리라. 우리는 운동장의 성장발육에 함께 고생한 동지인 셈이랄까. 요사이는 비닐봉지도 흔하지만 그때는 운반할 수단도 변변치 못해 새끼줄에 꿰어 들고 가다가, 반기지도 않는 아스팔트 신작로에 보태주기 십상이었다. 깨진 연탄재도 아깝던 시절이었다. 숙제였으니까. 반장이 이름을 적었으니까. 신주단지 모시듯 신문지에 싸서 가기도 했는데 연탄재보다 신문지가 더 귀했다.

누런 황토밭 운동장에 곳곳에, 빗물고인 웅덩이를 메운 깨진 연탄재는 이층 교실에서 내려다보면 허옇게 버짐이 핀 우리의 얼굴 같기도 하고, 기계독 오른 까까머리의 흉터 같기도 했다.

운동장 가운데로 보도블럭을 깔아 우천도로라 불렀다. 비 오는 날 빗소리와 함께 확성기로 울리던 선생님의 말씀.

"우천도로로 통행하기 바랍니다."

"우천도로로 통행하기 바랍니다."

선생님은 방송을 열심히 하시지만 우리는 선생님의 일감이 줄어들까 염려스러운 듯, 보도블럭을 걷다가도 슬그머니 진흙탕으로 다가가 장화의 효능을 시험해 보기도 했다.

장화는 대개 운동화보다 큰 치수로 사기 마련이다. 비가 매일 오는 것도 아니고, 우리의 어머니들은 자식의 발이 더 크리라고 확신하고 있었으므로, 가게에서 신겨보고 신발의 앞부분을 꾹꾹 눌러가며 손가락 한마디쯤의 여유가 있어야 적정치수로 여겼다. 그 신발이 발에 맞을 즈음엔 고무가 삭아서 큰 신발을 끌고 다닌 수고가 허사가 될 때가 많았다.

운동화를 신다가 장화를 신으면 묘한 해방감이 느껴졌다. 헐렁하면서도 발등이 싸이는 아늑함, 길 옆 도랑에 들어가 첨벙거려도 발이 젖지 않는 안도감, 들들 끌리는 소리도 빗길에 느끼는 즐거움이 되었다.

중학교 입학시험에 대비해 보도블럭 위에서 넓이뛰기 연습도 했다. 네 칸 반 이상이어야 합격점인데, 잘 되지 않는 아이들에게 손수 시범을 보이던 큰 체구만큼 정이 많았던 선생님! 그 선생님도 가시고 졸업 앨범 속에서 추억의 인물이 된 친구도 있다.

세상을 몰라서 겁나지 않았고, 세상을 몰라서 아쉬운 게 없었던 어린 시절, 그 시절의 한 자락이 없어진다고 하니 서운하다. 그러나 내가 더 서운하고 애틋한 건 아버지와의 추억이다. 저녁밥을 먹고 학교 운동장으로 가서 자전거 타는 법을 가르쳐주시던 아버지. 안장에 나를 앉히고 짐받이에 당신이 앉으셔서 핸들을 같이 잡고 페달을 젓다가 조금 익숙해졌다 싶으면 자전거 꽁무니를 잡고 혼자 타보아라 하셨다. 아버지께서 자전거를 잡고 있으리라 믿고 저만치 혼자 잘 가다가도 어느 순간, 아버지께서 손을 놓았다 싶으면 넘어지기 일쑤였다. 자전거가 쓰러지지 않기 위해선 핸들이 돌아가는 쪽으로 기울여주다가 서서히 핸들을 돌려야 하는데 왕초보는 반대 방향으로 홱하니 꺾어 버린다. 그러면 어김없이 넘어진다.

살면서 내가 기울어진다 싶은 때가 한두 번이 아니었다. 그럴 때면 자전거를 탈 때처럼 페달은 힘껏 밟으면서 핸들은 기울어진 방향으로 조금 수긋하니 기울어야 하는 걸 깨달았다. 운명은 포기하지 않으면서 담담히 받아들여야 함을.

이제 운동장에는 노래자랑이 한창이다. 쿵, 짝, 쿵, 짝, 어린 시절의 흥겨움과는 또 다른 박자로 신명들을 풀어내고 있다. 우리 팀 응원하러 가잔다. 오늘도 내일이면 추억이 되리니, 마음만은 신나게 운동장을 달리고 있다.

라디오 이야기

그날 왜 그랬을까. 대청소를 하기로 마음먹고 온 집안을 샅샅이 들쑤셔내던 중이었다. 책장 사이 사이의 먼지도 깔끔히 잡아보리라 걸레로 열심히 닦아 내던 중, 책장 위에 얹어 둔 오래된 라디오가 눈에 띄었다.

청소를 하다 말고 내려서 콘센트를 연결하려고 보니 220V용이다. 그래서 서랍을 뒤져서 220V용을 연결하여 콘센트에 꽂았다. 다이얼을 돌려 채널을 맞추니 때맞춰 나오는 음악, 비틀즈의 〈예스터데이〉이다. 역시 명품(?)이다 하고 내심, 감동에 가까운 기쁨이 밀려왔다. 다시 책장 청소를 하려고 서두르는 순간, 음악이 뚝 멎는 것과 동시에 라디오에서 연기가 한 줄기 피어올랐다. 놀라서 얼른 전원부터 차단하고 살펴보았다. 뒤쪽에 있는 전압 변환레버를 110V로 고정해 놓고 그걸 깜박하고는 굳이 220V용 전원을 연결했으니 내부가 타버릴 수밖에.

후회는 아무리 빨라도 늦는 거라고, 잠시 전원을 연결하기 전에 조금만 주의를 기울였더라면, 30여 년 넘게 가지고 있던 라디오를 이렇게 못쓰게 만들지는 않았을 거라는 쓰린 자책이 밀려왔다.

내 라디오와 같은 모델인 제품이 TV 〈수사반장〉이라는 드라마에서 반장님 자리 옆 캐비닛 위에 자리하고 있더니 나중에는 수리점 진열대 위의 소품으로 쓰이고 있었다. 마치 한창 때를 지나서 주인공 역은 하지 못하고 조연이나 단역을 하는 배우처럼, 요사이는 종종 1960, 70년대를 배경으로 하는 드라마에 등장하기도 하는데 내가 눈썰미가 있어서라기보다 눈에 익은 물건이라 눈에 들어오는 것이다.

라디오는 어린 날의 다다미방(일본식 집이었다)에서부터 신혼 단칸방을 거쳐 교외의 낡은 주택과 지금의 아파트에 이르기까지 내 곁에서 소중한 친구가 되어 주었다. 살림살이가 늘어나면서 전축, CD플레이어에 밀려 안방에서 밀려나와 싱크대 한쪽에 있다가, 싱크대를 교체하면서 라디오를 옵션으로 달았더니 그만 무용지물이 되고 말았다. 그래서 책장 위에 얹어 둔 것인데 웬 변덕이었을까.

그날따라 꼭 그 라디오로 음악 한 가락이 듣고 싶었다. 오랜 친구의 음성을 듣고 싶었다고 해야 할까. 그런데 주의부족으로 그만 고장을 내고 말았으니 아쉽고 서운하여 수선집에 맡겨보아도 별 도리가 없다. 그야말로 구닥다리인 이 라디오가 별스레 정이 가는 건 왜일까.

젊은 시절 악기를 배우고 싶어 바이올린을 사긴 했지만 교습비가 없어 만져보기만 했다는 얘기를 할 정도로 아버지는 음악듣기를 즐기셨다.

이런 적도 있다. 어느 여름날, 저녁을 일찍 먹고 건너편 당산나무 아래에서 놀다 보니 우리 집 마루의 밥상이 날아가는 게 보였다. 놀라서 달려갔다. 우리 집에서는 처음 있는 사건이었으므로 옆집 할머니도 "기척 없이 사는 사람들이 무슨 일이고?" 하면서 얼굴을 내밀었다. 어머니의 잔소리를 제압하고자 아버지가 내린 처방이 밥상을 획 밀어버린 거였다. 마루 한쪽에는, 조금 과장해서 농짝만 한 문제의 물건이 하나 떠억 버티고 있었는데 그것이 바로 스피커가 커다랗게 양쪽으로 붙은 쌍나팔 전축이란 거였다. 일삯으로 받은 돈을 생활비로 건네지 않고 전축을 사온 탓에 부모님의 냉전으로 며칠 고생을 했지만, 덕분에 〈아기코끼리의 걸음마〉니 〈어느 개인 날 아침 갑자기〉, '밀바'의 칸초네에 흠뻑 젖을 수 있는 행복한 시간을 누렸다.

한번은 아버지께서는 신형 라디오를 하나 사오셨다. 라디오 듣기는 아버지의 중요한 일과였으므로, 스테레오 스피커가 달린 고급제품이라 새로 장만한 것이다. 내 방의 헌 라디오를 슬그머니 안방에 갖다 두고, 새 라디오를 내 방에 갖다 놓았다. 그랬더니 아버지께서 아무 말씀도 안하시고 며칠 후, 똑같은 모델의 라디오를 하나 더 사셨다. 취미가 같은 동지(?)적인 입장이었을까.

셋방살이로 시작한 신혼에도 이 라디오는 내 곁에 있었다. 주인집 옥상에 FM수신안테나를 설치하는 수고도 마다하지 않았고, 턴테이블을 연결하여 비싼 전축을 못 가진 아쉬움을 달래기도 했다. 아이들이 태어나면서는 자장가도 숱하게 들려주었다. 포대기로 싸서 음악방송을 조용하게 틀어놓으면 감상이라도 하는 양 곧잘 옹알이를 해가며 놀다가 잠들기도 했다. 혼자 손에 바쁜 엄마의 사정을 헤아려주는 듯, 그 시간에 후딱 빨래나 청소를 할 수 있었다.

그동안 많이도 흘려보냈을 노래와 방송일을 은퇴하고 이제는 묵언수행을 택한 것일까. 인간사 회자정리라, 만나면 반드시 헤어질 때가 있다고 하지만 조심스레 라디오를 틀어 침묵을 두드려본다. 역시나 FM방송은 잡히지 않고, AM방송은 조금 잡힌다. 세상의 모든 소음을 가둔 듯 잡음에 정신이 하나도 없다. 그동안 들려준 음악이 한꺼번에 엉켜버린 것 같은 소리이다. 귀로는 음악을 들려주지 못하지만 마음으로는 추억을, 눈으로 아직도 아름다운 선율을 전하는 나의 오래된 지기를 이젠 떠나보낼 때가 된 것 같다.

잘 가시게, 친구여.

안개 낀 플랫폼

부두는 분주했다. 고모는 끝내 나타나지 않았다. 며칠 전에 부친 편지를 받지 못했나 보다. 오전 아홉 시에 충무(통영)항을 떠난 원양호는 낮 열두 시 조금 넘어 부산항에 닿았다. 멀미가 심해서, 엄마가 챙겨 먹인 아침밥은 배삯에 보태 선실에 비치된 깡통에 납부한 터였으므로 많이 피곤했다. 부두에 내릴 때엔 또 얼마나 짐이 많은지. 배에 탈 때엔 엄마가 실어 주어서 몰랐는데 열 살 나이의 내겐 힘이 부쳤다. 다른 때엔 선실의 승객이 다 내리고 나면 고모가 배에 올라와서 짐을 갖고 내려가곤 했던 것이다.

고모가 결혼해서 부산에 신접살림을 차린 지 두세 해, 방학이 시작되면 제일 먼저 하는 일이 고모에게 편지를 쓰는 거였다. 평소에는 고모야 어쩌고 하면서 반말하는 내가, "고모님 보세요. 몇 월 며칠 부산에 갈 테니 부두에 나오셔요." 엄마가 부르는 대로 받아 적어 편지를 부치고 나면 기대하며 기다리다가 뱃멀미로 초죽음이 되면서까지 힘든 줄도 모르고 고모를 만나러 갔다.

첫조카인 나를 업어 키운 탓으로 정이 많이 들어, 우리는 서로 늘 보고 싶어 했다. 방학이 되길 기다려 부산에 가면, 시간 맞추어 들어 올리는 영도다리도 보고, 하얀 가운에 철가방을 든 중국집 배달원도 그때 처음 보았다.

고모 집에 가면 군것질 거리로 찐빵을 잘 쪄주기도 하고, 시장 봐 올 때면 알파벳 모양의 비스킷을 사오기도 했다. 좁은 부엌에서 나던 석유곤로 냄새가 아련하다. 국제시장 야시장에 들르는 것도 빼놓을 수 없는 일정이었다. 휘황한 불빛과 많은 인파 속에서 어리둥절하니 고모부를 따라가다 보면, 각종 연필을 리어카에 진열해놓고 금박으로 이름을 새겨주는 곳이 있었다. 연필 꼭지 부분을 조금 깎아내고 이름을 쓰곤 하던 시절에 노란 금박으로 내 이름을 새겨진 연필을 갖는다는 게 얼마나 멋진 일인지. 내 이름을 노랗게 꽉 찍은 연필 한 다스면 세상에서 제일 부자가 된 듯했다.

이런 방학의 일정을 생각하고 부산행 배에 여느 때처럼 엄마가 주의를 주면서 태워 주는 대로 배에 탔던 것이다. 오전 아홉 시 원양호(후엔 금성호)가 충무항을 떠나면 선실에 탄 사람들은 각기 일행들과 자리를 잡고, 나는 두세 시간 뒤에 올 멀미가 무서워 입을 꼭 다물고 깡통부터 찾아 내 옆에 비치하고 가방을 베고 누워 잠부터 청한다. 아침부터 잠이 오겠는가. 마음먹고 누워선 이리저리 사람들을 바라보고 있으면, 내가 〈엄마 찾아 삼만리〉의 주인공이 된 듯 갑자기 쓸쓸함이 밀려들기도 했다.

아침을 거른 사람들은 배에서 파는 김밥을 사먹기도 하는데 그게 소위 충무김밥이다. 가방을 베고 누워 멀미에 대비하여 마음을 단단히 다잡으면서도, 김밥 먹는 사람들이 홍합이나 주꾸미무침 꼬치에 입이 찔리지나 않을까 조바심이 일기도 했다. 배표 검사하는 이나 김밥장수들은 사오십 분 뒤에 닿는 성포항에 내렸다. 김밥 모반을 어깨에 둘러메고 날렵하게 선체에서 싼판으로 훌쩍 뛰어내리는 모습이 인상적으로 보였다.

초록빛 바다는 유리면같이 매끄럽고 맑아 뭐든 튕겨 나올 것만 같다. 그렇게 잔잔하던 바다가 어느 지점에 가면 배가 너울너울 춤을 추고 속이 메슥거려 꼭 죽을 것만 같은 괴로운 시간이 오게 마련이다. 그곳이 가덕도 앞이란 것은 후에 알았다. 그렇게 해서 닿은 부산항인데 부두에 고모 모습이 보이지 않는 것이다. 크리스마스 카드 보내는 게 그 시절부터 유행하기 시작해, 우편 양이 급증하여 편지가 연착하였던 것이다. 엄마가 꾸려 준 고구마, 간장, 시금치(그때는 비닐하우스가 없을 때라 겨울에 시금치 나는 곳이 이 근동밖에 없었다.) 등속을 낑낑거리며 부둣가에 옮겨놓고, 오가는 사람을 쳐다보며 고모를 기다렸다.

충무에서 싣고 온 화물 하역 작업도 끝나고 빈 배의 꼭대기에선 유행가만 구성지게 흘러나왔다. 지나가는 사람들이 한마디씩 물었다.

"아가, 어디서 왔노?"

"집이 어디고?"

"몇 살이고?"

부두에는 엄청나게 많은 사람들이 왔다 갔다 하고, 길 따라 늘어선 가게엔 상자에 겨와 함께 담긴 사과, 엉성한 대바구니에 담긴 과일, 사탕, 과자들이 산더미처럼 쌓여 있었다. 전화기 구경도 못해 본 내가 전화 걸 생각도 못해 본 건 당연했다. 고모부의 직장 전화번호도 몰랐고, 짐 때문에도 꼼짝할 수도 없었다. 이제나 저제나 하면서 기다리는 시간은 흘렀고, 어느새 흐르는 유행가 가사도 외우게 되었다.

안개 낀 플랫트 홈 마알 어읍시 서서… 그 나알 밤 재회를 약속하며— 떠나는 사아람 두 손을 흔들며 떠나는 사람 내 진정 보내고

싶지 않건만 여울져가는 그리움… 중략

무심한 열차 어쩌구 하는 걸 보니 플랫폼이 기차역인 것 같은데, 내 열 살 생애, 안개 낀 플랫폼에 서 보진 않았지만 그 처량한 기분은 조금 알 것 같기도 했다. 배도 고프고 노래도 쓸쓸하여 기분이 엉망이라도 시간은 가게 마련이다. 용돈을 털어 다시 배표를 샀다. 오후 네 시 배를 타고 충무로 향했다.

부두에 닿으니 주위가 깜깜하다. 어떤 때엔 부두에 닿으면 환한 대낮인데 오늘은 왜 이러나 싶었다. 여름철엔 오후 일곱 시경이면 환하지 않은가. 겨울이라 해가 빨리 진다는 것도 모를 나이였다. 철부지란 철을 모른다는 뜻이라고 한다. 그야말로 철부지였던 셈이다.

배에서 내리려고 하는데 싼판에서 누군가 나를 불렀다. "희야, 희야" 하고. 동네 개구쟁이 오빠들이 부두에 놀러 나왔었나 보다. 반갑기도 하고, 창피하기도 하고, 그쪽으로 고개를 돌리다 발이 미끄러져, 들고 있던 간장병이 깨져버렸다.

순덕이 오빠, 효선이 오빠가 내 쪽으로 오고 있었다. 그걸 보고는 짐을 팽개치곤 휭하니 집으로 와버렸다. 놀라며 대문을 열어준 엄마 앞에서 부산에서부터 참아온 울음을 터트렸다. 뒤따라 내 짐을 수습해서 온 동네 일없는 꼬마 사나이들은, 내가 배에서 내리면서 어떻게 했는지 녹화 중계를 했다.

며칠 뒤 날짜 지난 편지를 받은 고모의 발 동동거리는 걱정으로 가득한 사연이 담긴 편지가 왔다. 그때 부두에서 내 눈앞에 펼쳐졌던 풍경은 지금은 찾아볼 수가 없다. 그러나 타임머신은 내 머릿속에 위성처럼 떠 있다가 한 번씩 나를 추억의 세계로 태워 보낸다.

가끔, 아주 가끔, 최희준이 부른 '안개 낀 플랫폼….' 이 노래만 들으면 나는 부산 부둣가에서 고모를 기다리던 열 살짜리 꼬마가 된다.

빈천우척貧賤憂戚은

지금은 제목조차 기억되지 않는, 어떤 드라마에서 본 인상 깊은 한 장면이 있다. 가난한 어린 제자에게 스승은 이렇게 격려한다.

"네가 지금 가난하고 어렵고 고생스러운 것은 하늘이 너를 어여삐 여겨 큰 인물로 만들고자 함이다."

서당에서 돌아오면서 댕기머리 소년이 외우고 또 외우는 구절이 '빈천 우 척은 용 옥여 어성야라. 빈천 우 척은 용 옥여 어성야라……'

그 장면을 보면서 참 좋은 말이구나 하고 감탄을 했는데 후에 알고 보니 송나라 초기 성리학의 선구자, 장재張載가 쓴 서명西銘이란 글에 나오는 말이었다.

富貴福澤은 將以 厚吾之生也요, 貧賤憂戚은 庸玉汝於成也라

(부귀복택은 장이 후오지생야요, 빈천우척은 용옥여어성야라).

부귀와 복과 윤택은 하늘이 나의 삶을 풍부하게 해 주는 것이요, 빈천과 근심 걱정은 그대를 옥처럼 갈고 연마함으로써 완성시키려는 것이다.

요사이 부모의 경제력이 자식의 대학을 결정한다는 말이 있다. 개천에서 용 난다는 말은 불가능하다고 한다. 사교육을 받지 않고는 좋은 대학에 갈 수 없고 그래서 좋은 직장을 가질 수 없으니 가난이 대물림된다는 이야기다. 비슷한 환경에서 경쟁해야 공평할 텐데 본인의 재능이나 노력 여부와는 상관없이 가정 형편이나 주위의 조력으로 출발선이 저만치 앞서 있다면 상대적으로 얼마나 억울한 일인가. 그러나 출발선이 뒤처졌다고 그리 낙담할 것도 없는 것이 그 경주가 단박에 끝나는 것이 아니고 길고 긴 장거리 경주임에랴.

달리는 길이 신작로도 있고 오솔길도 있고 길만이라도 있음 다행이다. 개울을 건너야 할 때도 있고, 터널을 지나야만 하지도 않던가. 징검다리도 쓸려간 큰 내[川]가 막막하게 눈앞에 펼쳐질 때도 있다. 달리는 길 위의 작은 돌멩이나 바위는 누구에게나 비슷한 분량인 것 같다. 왜 나에게만 이리도 자갈길이냐고 한탄하다 보면, 어쩌랴 그래도 가야 하는 것이다. 가다 보면 유리한 출발선의 혜택은 없어도

달리다 보면 탄탄대로가 나타나기도 하는 것이다.

그 길을 찾는 것이 내가 나를 옥으로 만드는 것이다. 장거리 경주라는 인생에서 열심히 노력하는 것이 더 넓은 길을 찾아 가는 것이 아닐까.

꿈을 가지고 그것을 이루고자 노력하는 것은 인간이 지닌 덕목 중의 하나이다. 현실의 불우함에 꺾이지 않고 성취를 위하여 부단히 노력하는 것은 옆에서 보기에도 아름답다.

하늘이 나를 사랑함을 굳게 믿고 가다 보면 어느새 옥으로 되어 있는 그날이 올 것이라는 믿음이 구차한 현실에서 버티게 하는 힘이다. 혹여 옥이 되지 않아도 부스러기 흙더미는 면해 있을지니.

그림 같다

개인이나 동호회의 전시회에 가서 그림을 감상할 때가 있다. 전시된 작품을 보면서 자연을 다시 읽어내는 것이 예술 활동이 아닌가 하는 생각이 든다. 펜으로 읽어 표현하면 문학이요, 소리로 읽으면 음악이고, 물감이나 돌, 흙으로 표현하면 미술작품이 되는 것 같다. 꽃이나 풍경이 한 순간의 표정으로 화폭에 잡혀있는 그림들을 보며 학창시절 선생님께 들었던 이야기가 떠올랐다.

옛날에, 나라에서 그림대회가 열렸다. 온 나라에서 그림깨나 그린다는 이들은 다 모여들었겠다. 시험장에 내걸린 화제畵題는 '똥 누는 사람'이었다. 화가들은 저마다 실력을 발휘, 그림을 그리기 시작했다. 인상을 쓰는 얼굴을 그리는 이, 엉덩이를 그리는 이, 각종 희한

한 그림이 나왔다. 드디어 1등작이 발표되었다. 어떤 그림인가 하고 사람들이 우루루 몰려가서 그림 앞에 섰다.

대충 측간의 형상을 그려 놓고, 출입문으로 달아놓은 거적때기 사이로 긴 담뱃대가 나와 있다. 그 장죽에서 한 줄기 연기가 오르고 그 몇 발자국 앞에 개가 한 마리 엎드려 있는 그림이었다.

측간 문으로 담뱃대가 보이는 것은 지금 그 안에 사람이 있다는 것이요, 개가 이만치 앞에 엎드려 있는 것은 그 안에서 사람이 볼일을 보고 있는 것을 알 수 있다는 것이다. 큰 키에 곱슬머리가 특징이던 선생님이 칠판 한 가득 각종 그림을 예시로 그려가며 열정적으로 강의하던 모습이 눈에 선하다.

"사물을 직접적으로 보지 말고 그가 말하는 은유를 읽어라."

시조를 쓰는 미술선생님이어서 그 이야기는 그림의 표현에만 해당되는 것이 아닌 선생님의 문학이론이기도 했다.

자연의 경치를 보면서 감탄할 때면 '그림 같다'라는 표현을 한다. 자연은 그대로 가고, 그 순간을 한 삽 덜어내어 화폭에 옮겨놓고 우리는 즐기고 있다. 배고파 우는 아이의 표정과 불만이 쌓여 우는 아이의 표정은 다르다. 그것을 그림으로 표현하면 색채가 분명 다를 것이다. 외로워서 기울이는 소주잔과 세상일에 쓸려 지친 이의 손에 들린 술잔이 같을 수는 없지 않을까.

대문간에 앉아 지나가는 사람을 쳐다보는 강아지의 눈동자와 종이상자에 담겨 장터에 나온 강아지의 눈동자를 읽어내는 정이 있어야 글이나 그림을 제대로 그릴 수 있지 하는 생각도 든다.

인간은 붓을 들고 언어로, 색채로 자연을 베끼려고 애쓴다. 사물을 그대로든 어떤 의미만 함축하든 '그림 같다'라는 감정 선에 닿으면 그것은 훌륭하다. 화폭에만 옮기는 것이 그림이 아니라 제 한 몸이 그대로 그림이 되는 치열한 생존의 현장, 그곳에서 한 발짝 떨어져서 붓이며 카메라를 들이대고 캔버스에 인화지에 옮겨 담아 그림으로 표현하는데 몸짓이며 말투, 표정이 있기에 그림인 것이다.

글이나 그림으로나 세상의 모든 것을 읽을 수는 없지만 아픈 것은 아프게, 기쁜 것은 기쁘게, 즐거운 것은 또 그대로 표현해서 가슴에 한줄기 감동을 줄 수 있다면 '그림 같다'라는 구절에 조금이라도 가까이 가는 것은 아닐지.

인생의 그림을 그려가는 붓질이 하루하루의 일상이라면, 점 하나 선 하나 아무렇게나 그려선 안 될 터. 하루가 한 선이 되고 하루가 한 점이 되어 누구는 큰 그림을 남기고 누구는 소품을 남기지만 제각각의 작품은 소중하지 않은가. 내가 그린 그림이 열심히 살아온 나 자신이기 때문에.

플라타너스를 만나다

봉평동 오거리 한쪽에 서 있는 플라타너스 한 그루, 둥치를 보니 몇 십 년은 된 듯 튼실하다. 길이 넓혀지면서 가로수 수종이 바뀐 지 오래인네, 새로 심은 벚나무 둥치도 굵어진 세월 속에 지 나무 홀로 남았다.

'너, 거기 있었구나.' 오랜만에 만나는 친구인 양 반갑다. 나뭇잎 하나하나가 빛바랜 사진첩이 되어 잊고 있던 옛이야기를 전한다.

토성고개 넘어가는 신작로 양 옆으로 줄지어 서 있던 플라타너스, 넓은 잎 그늘 아래 참외 몇 알 놓은 아줌마가 앉아있기도 했다. 수박 실은 리어카가 서 있기도 하고, 나무로 만든 통을 한쪽 어깨에 메고 인상을 쓰며 '아—이스 케—키' 소년도 지나다녔다. 나는 국수

말아먹는다고 시원한 우물물 떠 오라는 심부름에 땡볕을 가로질러 우물에 가기도 했다. 소금 통을 굴려서 얼린 계란 모양 얼음과자는 드물게 신작로에서 마주했다. 겨울날 대패로 밀어 파는 생강엿 장사만큼이나 자주 오지 않았다. 아련한 기다림의 주역을 든다면 알루미늄 케이스에서 빼내주던 색색의 얼음과 생강 향이 흠뻑 배인 갱엿이다.

높은 기온을 못 이겨, 도로에 포장된 검은 코르타르가 녹아내리기도 했다. 돌멩이에 녹은 골탕(우리는 골탕이라 했다. 옷에라도 묻히면 그야말로 골탕을 먹었다.) 칠을 해서 고무신에 붙이면 대여섯 걸음 정도의 시간은 붙어 있어 주었다. 또각거리는 소리에 키가 쑥 커진 듯하고 어쩐지 어른이 된 것 같은 느낌으로 우리는 '서울내기 다마내기'의 말씨를 흉내내기도 하였다.

'사과나 배나 사과나 배나' 동무들이 모여서 사과나 배나 하고 놀았다. 짜는 팀의 멤버를 신경 쓸 것 없이 나는 늘 배를 택했다. 사과는 비교적 흔하고 배가 더 귀했기 때문이다. 등에는 으레 동생이 하나 업혀 있기 마련이라 뛰지는 못하고 고무줄을 잡아주며 월남으로 떠나는 맹호부대나 백마부대 용사들의 노래를 목청껏 불렀다.

'모차기' 할 때에는 활석이 필요했다. 신작로 한 귀퉁이에 하얀 돌로 선을 그어 납작한 돌을 한 발로 차며 뜀뛰기를 하는 것인데 구멍

가게에서 파는 활석은 손가락만 하여 두세 번 쓰고 나면 몽당이가 되어 버린다. 큼지막한 활석을 가진 아이는 우리의 부러움의 대상이었다. 누군가 연금술처럼 은밀하게 귀띔을 해주었다. 돌멩이를 땅에 묻어놓고 쌀뜨물을 부으면 활석이 된다는 것이다. 식구 수대로 칫솔이 걸린 정짓문 앞에 돌을 묻어 놓고, 아침마다 쌀을 씻는 어머니 곁에 앉았다가 뜨물을 얻어 활석 제조에 심혈을 기울였지만 세월이 가도 돌에는 흰 물이 들지 않았다.

잔돌을 모아 골목 어귀에서 콩돌 줍기를 하노라면 맨손으로 온 땅바닥을 쓸게 마련이다. 앞으로 모이는 돌멩이 개수의 뿌듯함도 잠시, 지나가는 어른들에게서 "아이들이 저래 싸아스 날이 가물다."며 나무라는 호통을 들었다.

가뭄은 어린 팔뚝에도 수없이 두레박질을 하게 했다. 배 모양의 양철두레박을 우물 바닥에 옆으로 눕혀 최대한의 물을 담아 순간적으로 줄을 당겨 채어 올렸다. 달그락달그락 물 긷는 소리가 밤새도 그치지 않는 우물가 조그만 집에는 키가 조그만 가족이 살았다. 아저씨도 조그마하고 아주머니도 조그마하고 서너 명 되는 우리 또래 아이들도 조그마했는데 햇살 환한 아침나절이면, 푸새용 풀을 사오라는 어머니의 심부름으로 그 집에 가곤 했다. 정갈한 부엌살림이 보이는 입구, 검은 옹기에 담긴 쌀풀은 맑은 물에 반달 모양으로 잠겨 있었다. 세월이 지나 그 집이 없어진 자리에 화단이 만들어졌다. 화단도 조그마했다.

넓은 잎 사이로 햇살이 조각으로 반짝이고, 이따금 지나가는 차는 구름처럼 먼지를 일으켰지만, 나무 궤짝에 진열된 참외며 복숭아가 둘러쓴 먼지 탓에 안 팔리는 경우는 없었다. 돈이 없어 사 먹지 못하는 아쉬움이 있을 뿐, 위생이란 단어는 여름방학할 때 교장선생님의 훈시에나 나오는 말씀이었다.

냇가에서 뜰채를 들고 고기를 잡는 방학책 속의 삽화는 그림 속의 이야기였고, 그래서 책은 우리에게 더욱 멀게 느껴졌다. 소쿠리를 엎어놓고 줄을 당겨 참새를 잡는 겨울방학 책의 그림도 우리 동네에서 볼 수 있는 광경은 아니었다. 동네에서 한참 떨어진 개울에 빨래하러 가는 어머니를 따라가 고무신에 올챙이나 잡을 수 있는 것이 전부였다.

동네 입구에 커다란 은행나무가 있었다. 열매 따러 올라갔다 떨어진 아이의 옷이 나뭇가지에 걸려 있었는데, 검게 삭아가는 천 조각이 죽은 아이의 혼령 같아 무섭기만 했다. 은행나무가 노란 잎으로 무섬증을 가리고 열매를 익히는 계절이 오면, 플라타너스도 결실의 훈장을 달고 있었다. 동그란 방울 모양의 열매는, 은행나무 열매처럼 탐내는 이가 없어도 스스로 축복하는 것 같았다.

봉평동 오거리 늙은 플라타너스 한 그루, 가게의 시야를 가린다고 그랬을까. 줄기를 뭉뚱거려서 땅따름하다. 저 혼자 아는 얘기는 얼마나 많을까. 넙적한 이파리 속을 한 번 들춰 봐야겠다. 몇 개의 방울이 전하지 못한 이야기를 안고, 추억을 나눌 이를 기다리고 있는 건 아닌지.

추억 속의 달인

직장이나 사업장에서 자신의 일을 남보다 특출하게 잘하는 사람을 달인達人이라 칭하는 TV프로그램이 있다. 나는 그 프로그램을 볼 때마다 떠오르는 사람이 있다. 초등학교 다닐 적이니까 아주 오래전이다.

학교 가는 길 골목 모퉁이 집에 사는 여자아이인데 우리보다 덩치가 큰, 나이가 대여섯 살은 많았을 것이다. 우리가 학교에 오가는 시간이면 집 앞에 서 있었다. 학교에는 다니지 않았다. 몸집이 뚱뚱하고 머리는 헝클어지고 옷은 아무렇게나 입어서 가까이 가고 싶은 외양은 아니었다. 그런데도 그 아이 주위에는 남녀 할 것 없이 애들이 빙 둘러서 있기 일쑤였다.

종이로 뭐든 만들어내는 그 아이의 손놀림을 흥미진진하게 보면서 우리는 침을 꼴깍 삼키기도 했다. 제 호주머니에 있는 종이로 배나 비행기 이런 것은 말할 것도 없고 우리가 부르는 대로 만들어 주었다. 그러다 종이가 떨어지면 헌 공책을 가져오라고 했다. 다 쓴 공책 한 권이면 만들고 싶은 것을 종류대로 청할 수 있었다.

가위나 풀이나 뭐 이런 도구는 필요가 없었다. 삐뚤빼뚤 연필로 눌러 쓴 글자가 가득한 누런 공책을 한 장 부욱 찢어서 가장자리를 조금 접어 손톱 끝으로 삭 스쳐가며 누른다. 다음에는 혀끝에 살짝 댄 후 떼어내면 제법 반듯한 모양이 나온다. 그리곤 대각선으로 접어 나머지 부분을 예의 손톱과 혀끝으로 정리하면 정사각형 종이가 된다.

비행기, 배, 집, 우리가 부르는 대로 만드는 솜씨는 경이로움 그 자체였다. 내가 특히 감탄하는 것은 공을 만들 때였다. 통통한 손으로 이리저리 종이를 접어 마지막으로 입김을 훅 불어넣으면 종이가 부풀어 오르면서 그럴싸한 공 모양이 되는데 풀이 필요한 자리에는 침을 스윽 발라서 우리에게 건네주었다.

어린 내가 느끼기에도 그 아이의 솜씨는 탁월했지만 더한 매력은 어질고 너그러운 성품이었다. 그리고 나름대로의 철학(?)이 있어서 순서를 알아서 정리해 주는 것이었다. 이것 해 달라 저것 만들어 달라하면 귀찮기도 하련만 기억 속의 그녀는 별로 화를 내지 않았던 것 같다. 다 쓴 공책이 생긴 어느 날 오후, 다음 날 아침까지 기다리지 못하고 신작로를 건너서 그 아이 집으로 달려갔다. 역시나 아이들에 둘러싸여 종이접기 작업이 진행 중이었다. 공책을 들고 가만히 서 있었다. 시간이 얼마나 흘렀을까. 내 뒤에서 어느 남자아이가 종이를 들이밀며

"하나 만들어 줘." 했다. 그러니까 그 위대한 예술가(!)는 정의롭게도 나를 가리키며

"얘가 먼저 왔으니까 너는 뒤에 가 있어." 하고 단호하게 말하는 것이 아닌가.

학년이 올라가고 내가 종이작품 세계에서 벗어날 즈음인 어느 비 오는 아침이었다. 좁은 골목길에 우산이 서로 부딪혔다. 그 아이 집 앞에 학교 가던 아이들이 모여 서 있었다. 무슨 일인가 고개를 들이밀고 봤더니 그 아이가 쓰러져 있었다. 입에는 거품이 가득하고 팔다리를 마구 휘젓고 있었다. 아이들이 수군거렸다.

"비 오면 저런대……."

세월이 지나고 어느 날, 일을 마치고 오신 아버지께서 밥상을 차리는 어머니에게 "이군 참 안됐어. 동생을 잃었다네." 하셨다. 이군은 그 아이의 오빠이다.

"여동생이 둘일 건데, 아픈 애 말이오?"

종이 공예가는 간질을 앓고 있었다고 했다. 학교 가는 길 한 모퉁이에서 종이접기에 열중하고 있던 모습이 떠올랐다. 어쩜 그 아이는 지독히 외로웠을 것이란 생각이 들었다.

종이접기도 공예의 한 부문이 되어 교육 강좌가 있는 요즘의 시선에서 보면 아무것도 아닐 수 있는 것일지도 모른다. 그러나 기억 속의 그녀는 달인達人임에 틀림없다.

쪼깐이 할매

우리 집이 있던 꼭대기 동네의 가게는 간판도 없었다. 그래도 우리는 나름대로 부르는 호칭이 있었으므로 헷갈리지 않았다. 한 집은 '째보집'이고, 또 한 집은 '쪼깐이 할매'집이었다.

딸네 식구와 사는 그 할머니는 젊은 시절 식당을 했다고 하는데 비빔밥을 특히 잘했다고 한다. 늘 정갈한 모습으로, TV 만화영화 '호호아줌마'의 모습이 흡사했다. 마치 할머니를 모델로 캐릭터를 그린 것처럼 자그마한 체구에 오종종한 걸음으로 아침이면 새터 시장에서 물건을 사 오셨다.

마당이 넓고 앞대문에서 뒷문을 거치면 바로 뒷동네로 갈 수 있는 지름길이었기에 동네 사람들은 무시로 그 집을 드나들었다.

할머니는 부지런하게 마루를 닦거나 마루 한쪽에 펼쳐놓은 상품을 정리하거나 장독대에서 항아리를 씻고, 장아찌나 김치를 담그고 있었는데 그 집에는 유독 독이며 항아리가 많았다. 앞집과 경계를 친 담 밑에는 봉선화며 채송화, 맨드라미가 피어 있었다. 학교에서 '울밑에선 봉선화야….'라는 노래를 배울 때 그 집 마당이 떠오르기도 했다. 마당 한켠으로 고추며 상추가 자라는 텃밭이 있었다. 드물게 눈이라도 내린 날이면, 파가 심겨진 그 밭은 마치 떡에 젓가락을 주루루 꽂아놓은 것처럼 보였다. 그 눈을 한 주먹 뭉쳐서 삼각 비닐 주머니에든 색소 물을 뿌려 먹기도 했다. 기억 속의 메뉴 중에서 내가 좋아한 것은 꼬치경단이었다. 찹쌀경단을 꼬치에 꿰어 팥물을 입힌 것인데 한 개 5원이었다. 이 가격까지 기억하는 이유는 1원, 2원짜리 과자 중에서 그것은 비교적 고가의 식품이었으므로 내 용돈의 범주를 벗어나는 경우가 많았기 때문이다.

나는 하루에도 몇 번씩 그 집에 들러야 했다. 성냥이나 빨랫비누 같은 잡다한 것에서부터 눈깔사탕이나 설탕을 녹여 막대기를 꽂아 틀에 넣어 굳힌 월남방망이라는 과자를 사러 다녔다. 내가 먹고 싶어서 사러 가는 적도 있지만 주로 엄마의 심부름이었다.

여럿 동생 중의 하나가 때라도 쓸라치면 가끔 외상을 맡아오는 임무도 내가 해야만 했다.

"할머이, 저 우리 엄마가요, 저녁에 아버지 오면 준다고……." 하면, 말이 채 끝나기도 전에 따뜻하게 웃으면서 "오냐, 오냐. 그래 가져가거라." 하셨다.

어린아이지만 자존심이 긁히는 표정으로 심부름을 온 내 마음을 할머니는 단박에 읽으신 것일까.

올여름에 작정하고 박경리의 소설 ≪토지≫를 다시 읽었다.

소설 속에서 '쪼깐이'라는 이름을 만났다. 아내 있는 남자를 빼어 살면서 비빔밥집을 운영하는 서울댁이라고 불리는 여자다. 착하고 나쁜 것으로 분류하자면 나쁜 쪽에 속하는 인간이지만 같은 이름을 지닌 내 기억 속의 그 할머니는 따뜻한 미소를 띈 다정한 모습이다. 내게 '쪼깐이'라는 이름은 다른 의미로 기억되는 것이다. 이름이 같다고 의미도 같지 않을 터, 아무튼 '쪼깐이'라는 이름 하나 추억의 장롱에서 나와 잠깐 만난 셈이다.

그 여자아이

그 집 사립 옆에 있는 돌배나무는 멋진 그늘을 만들었다. 태양을 따라 약간씩 방향을 틀면서 그늘에 맞춰 돗자리를 옮겼다. 가장자리에 올이 풀린 돗자리에 앉거나 누워서 여름날 더위를 식혔다. 비바람에 결이 삭은 판자 울타리에 눈을 대고 들여다보면 마당이 훤히 보였다. 마당에는 사람이 다닐 수 있는 오롯한 공간을 빼곤 갖가지 화초들이 피고지곤 했다. 그중 글라디올라스는 기다란 목 고개를 내밀어 붉은 군락을 이루었다. 꽃대롱에 혀를 대보면 단맛이 났다.

붉은 꽃무리를 이룬 마당은 화려한데 그 집에 사는 사람은 꽃들처럼 환하거나 밝게 웃는 것을 본 적이 별로 없었다. 안방에서 밭은기침을 해대는 할머니는 창백한 얼굴로 늘 찌푸리고 있었다.

경사진 지대라 우리 집 마당에서 공놀이를 하다 보면 그 집 뒤란으로 공이 떨어지는 일이 자주 있었다. 떨어진 공을 주우러 가면 일단 마루 앞에서 할머니를 불렀다.

"저어, 할머니-, 뒤에 공이 떨어져서……." 그러면 봉창문이 벌컥 열리면서 할머니의 창백한 얼굴이 나타났다. 미간에 주름을 가득 잡고 기운이 하나도 없는 소리로 "주워 가거라." 하곤 다시 문을 닫았다. 미안함과 두려움에 발걸음도 조심스럽게 뒤꼍으로 달려가 공을 집어 냅다 달려 나오곤 했다. 할머니가 대답하는 날이면 안도의 숨을 쉬지만 건넌방 쪽의 할아버지가 문을 열고 내다볼 때는 한마디 호령을 들어야 했다. 콧수염을 들썩이며 다음에 또 공이 떨어지면 절대로 주워 가지 못하게 할 거라고 을박지르곤 했다. 이북 사투리의 호통에도 공은 걸핏하면 그 집 뒷마당에 떨어졌다. 맏이로서 집안의 심부름을 도맡은 막중한 임무를 지닌 나는 새가슴을 졸이며 그 집 마루 앞에서 "저기요……." 하기 일쑤였다.

그 집에는 나보다 너댓살 위의 여자애가 부엌일을 해주며 같이 살고 있었다. 얼굴빛이 가무스레하고 코를 늘 킁킁거렸다. 그 언니는 동네의 다른 사람하고는 별 교류가 없었다. 어른들은 두 노인네 사는 집의 부엌아이로만 대하였고, 내 또래들은 자기네들끼리의 놀이에 바빴으므로 집에서 심부름과 아이 업기의 임무를 지닌 나와 그녀의 교류에 끼어드는 사람은 별로 없었다. 이름도 생각나지 않는, 아니 이름을 불러 본 적이 없는 것 같다.

이른 저녁밥을 먹고 그 집 사립에 가면 낡은 돗자리에 그 언니가 오도카니 앉아 있었다. 출입하는 사람이 별로 없었으므로 사립문에서 놀아도 별 상관이 없었다. 내가 학교에서 일어난 이야기며, 고약한 동네 아이 이야기, 집에서 맨날 나만 혼난다는 이야기를 하면 조용히 잘 들어 주었다. 학교에 다니지 않아도 그녀의 어진 다독임은 한없이 정답게 느껴졌다.

돌배나무는 먹지도 못하는 열매를 익히느라 잎은 더욱 푸르게 색이 짙어지는 어느 날, 이엉 얹은 변소 칸 지붕에는 박 넝쿨이 치마를 한껏 펼치고 어둠 속에서 하얀 꽃을 피울 준비를 하고 있을 무렵, 판자 울타리 너머로 그 집 할아버지 소변 소리가 들렸다. 화장실 입구에 옹기단지에서 소리가 나자, 그녀가 판자 울타리 사이로 한쪽 눈을 대며 "얘, 이리와 봐. 저 영감 ㅇㅇ좀 봐." 했다. 나는 어리둥절해서 멀뚱히 서 있었다. 할아버지가 안으로 들어가는 기척이 나고 그 언니는 평소에 본 적이 없는 복잡한 표정으로 목소리를 낮추어 "저 영감 ㅇㅇ이 어떤 때에는 이— 만해." 하고 두 손으로 둥그런 모양을 만들어보였다. 갑자기 그녀가 달라보였다. 낯설고 두려웠다. 그리고 차츰 돌배나무 아래에 잘 가지 않았다.

세월이 이만치 흐른 어느 날, 불쑥 그때의 말뜻이 무엇이었을까 하는 생각이 났다. 만약에라도 그런(?) 일이었다면, 그녀는 어린 나이에 당한 슬픔을 더 어린 나에게 노인의 흉을 보는 것으로 세상을 향해 고발하고 있었던 것이다. 그녀의 어두운 표정과 그 집 할머니의 병색 짙은 찌푸린 얼굴과 노인이 늘 쓰고 다니던 둥그스런 모자에 겹쳐 글라디올라스의 붉은 꽃잎이 떠오른다.

지금은 예순이 넘었을 그 시간 속의 소녀에게 다독임의 손길을 보내고 싶다. 아픈 기억은 세월에 다 흘려보냈기를, 행복한 일생을 누리고 있기를.

3.

모기 이야기

〈도솔암 가는 길〉(10호)

해저터널을 지나며

봄비 내리는 오후, 시내에서 집으로 돌아오는 길이었다.

우산이 빗물을 받아치며 내는 소리가 듣기 좋아 걷다 보니 해저터널 앞에 이르렀다. 완만한 경사를 가진 입구를 지나며 바닷속이라는 느낌에서일까 묘한 긴장감이 인다. 어릴 때부터 간간이 지나다니던 곳이긴 하지만 오늘은 왠지 감회가 새롭다.

얼마 전에 일본여행을 다녀왔다. 후쿠오카와 벳부지역 온천 관광인데, 구마모토 현의 대표적 상징물인 구마모토성[熊本城]에도 들렀다. 일본의 3대 성 중의 하나라는 건축물은 새봄의 연둣빛 속에서 우뚝하니 솟아 있었다. 유사시에 물을 채워 적의 침투를 막는다는 해자에는 가이드의 설명이 없었으면 그냥 잔디밭이려니 하고 지나

갈 정도로 잔디가 고왔다. 버드나무인 듯 가지를 늘어뜨린 나무는 긴 세월 동안 전쟁이 없었음을 말해 주고 있었다. 견고한 석벽을 딛고 층을 더해 올라간 건물은 으스대듯 어깨를 드높이고 묵묵히 옛이야기를 전하고 있는 것 같았다. 우리나라 목조 건물과는 달리 단청이 없는 벽은 음울한 낯빛이다.

성벽을 쌓아 올린 방식이 불국사의 석벽 건축 양식과 흡사한 것으로 우리 선조의 솜씨일 것이라는 설득력 있는 주장이 있고, 성내 120여 개의 우물도 우리 선조의 피맺힌 한이 서려 있다고 한다. 임진왜란 때 끌려온 조선의 토목 기술자들을 공사가 끝나고 나서 저들이 어떻게 했겠는가.

이 성을 축조한 이가 '가토 기요마사[加藤清正]'라고 한다. 임진왜란을 일으킨 도요토미 히데요시의 가신으로 우리나라를 침략한 소위 핵심 인물이다. 제2군의 지휘자로 함경도 쪽으로 진군하여 임해군과 순화군 두 왕자를 인질로 잡은 적장이기도 하다.

일본국 장군의 본향에서 우리나라의 이순신 장군의 위대함을 더 느낄 수 있었다. 대륙 정복의 야욕을 품고 침략하여 우리 강산을 피로 물들이고, 힘없는 우리 산천에서 노략질을 일삼고 민족의 존속마저 위태롭게 할 때였다. 임금마저 백성을 버리고 몽진을 하던 그때, 지금 내가 지나고 있는 이 바다가 나라를 구한 곳이다.

임진왜란 3대첩 중의 하나이고 세계 해전사에도 이름이 빛나는 한산대첩. 조선의 함선, 거북선이 학익진으로 일본 수군에게 통쾌한 승리를 거둔 곳이다. 연이은 수군의 패전으로 인해 육지에 진출해 있던 왜군들도 본국에서의 보급품이 공급되지 않아 패퇴할 수밖에 없었고, 가토 기요마사 역시 패장이 되어 일본으로 돌아갔다.

'쾌지나 칭칭나네'란 노래의 어원이 '쾌재라 청정(가토 기요마사)이 물러가네.'란 설도 있는데 왜군의 후퇴를 보면서 얼마나 기쁘고 기뻤을까.

이순신 장군에게 쫓긴 왜군이 좁은 물길로 몰려 패퇴하다 이 목에 이르렀을 때, 개펄로 인해 오도 가도 못하자 손으로 뱃길을 팠다 하여 판뎃목이라는 이름을 붙였다는 야담도 전해진다. 우리 수군이 물리친 왜군 시체가 많이 쌓여 송장목이라 불리는 곳도 있다. 조선 수군의 기개와 용맹이 서린 장소이자 일본군의 급박한 패각의 현장, 그 바다 밑으로 난 통행시설이 해저터널이다.

다시 우리를 슬프게 하는 역사, 일제 강점기 때 일본이 토목기술을 시험하고자(임진왜란 때에는 우리나라 토목기술자들이 많이 끌려갔다고 하는데) 해저터널을 축조했다. 속설에는 저들의 선조들이 몰살을 당한, 말하자면 무덤 위로 조선 사람들이 지나다니지 못하게 아래로 터널을 만들었다고 한다. 어쩌면 치욕적인 역사의 흔적이기도 하지만, 그 배경에 충무공의 승전가가 흐르고 있어 자긍심을 일깨운다.

걷다보니 '용문달양龍門達陽'이라는 현판 아래에 이르렀다. 경찰관이 음주운전 금지 캠페인에 서명을 해 달라 한다. 한산대첩을 이룬 공적이 위대한 장군 한 분의 덕만은 아니리라. 이 고장 물길, 뱃길을 읽어 임진란 그 거친 풍랑을 겪어내고 한산대첩의 승전 축하주를 마신 선조들, 그 후예들이여. 승전의 축하주는 마시되 당파싸움을 일삼거나 제발 음주운전만은 마시라. 내 이름을 또박또박 적었다.

대숲에 바람이 갇혔다

대나무 숲을 거닌다. 지난가을 슬픈 노래가 바람이 되어 푸른 잎에 달려 있다가 사람들 숨결에 우우하고 떨어진다. 댓잎사귀 후루루 떨며 바람이 일고 밖에는 봄이 왔지만 대숲에는 푸른 눈물이 떨어져 더 푸른 물결로 출렁이고 있다. 바람은 줄기를 안고 돈다. 바람에 쓸려 둥근 줄기, 바람이 맴돌다 그 속으로 들어갔다. 입김으로 후하고 바람을 불어낸다.

새순으로부터 쑥쑥 늘어난 길이, 늘어난 마디마디에 쌓였던 바람의 씨앗이 입김에 확 자라서, 구멍으로 달아나다 불면 바람이 일어난다. 깨어 노래한다. 달 밝은 밤이면 더욱 유장한 대금 소리이다.

쭉쭉 하늘로 치솟은 시원한 푸른 대 사이로 바람이 쏴아 지나간다. 사람들은 그 사이로 헤엄치듯 다니고, 피톤치드니 뭐니 하는 과학적인 설명이 없어도 공기가 다르다는 느낌이 온다. 말할 수 없이 상쾌한 느낌. 시원하다.

옛이야기 한 토막. 아픈 어머니가 죽순이 먹고 싶다고 한다. 때는 겨울이다. 아들은 눈밭을 헤매어 죽순을 구하러 나선다. 하늘도 아들의 효심에 감동하여 눈물로 녹인 눈밭에서 죽순이 솟는다. 어머니는 그걸 먹고 병이 낫는다. 대나무는 심장의 열을 내려 준다고 한다. 울화병에 좋다는 이야기다.

전설 속의 그 어머니는 울화병을 앓았을까. 뜨물에 삶아 우린 죽순을 옆으로 썰면 얼레빗 모양이다. 헝클어진 심사를 가지런히 빗어주는 것 같다.

영화 〈와호장룡〉의 촬영지로 유명한 황산의 대나무 숲. 울울창창하게 기상이 쭉쭉 뻗어 절로 기분이 시원한데 여행가이드가 우스갯소리를 한마디한다.

대 숲에서 볼일 볼 때 죽순에 모자를 걸어두면 안 된다고. 볼일 보는 사이 죽순이 쑥 자라서 모자를 벗길 수가 없다나.

대나무는 열매를 맺지 않는다. 제 몸이 열매이다. 인간의 손에서 다시 태어나는 모든 것이 열매이다. 바구니며 갖가지 생활용품, 평상이나 대문 등 건축 재료로도 쓰인다. 더운 여름 밤, 잠자리 벗도 되었다. 죽제품 전시장에 들렀을 때, 동행한 이는 죽부인을 하나씩 사자는 내 말에 도리질을 한다.

"끼고 자는 걸, 어떻게 보니?"

소실이나 첩이라는 단어가 있음에도 칭하여 부인이다. 군자로 대접받는 대나무로 만들어진 물건이다. 아버지가 쓰던 죽부인을 아들이 쓰지 않는다나.

한겨울에도 푸름을 유지하고 곧게 자라는 성품을 높이 사서 옛사람들은 가까이 두고 즐기며 글로 그림으로 칭송했다. 허소치 그림 속의 대나무는 아직도 바람은 베어 물고 있었다. 얼핏 파르르 떨리는 듯, 착시인가.

오늘 산책길에서 이색적인 대나무를 만났다. 중간 허리쯤이 약간 휘었다. 사분음표를 길게 늘인 모습이다. 옆에 큰 둥치 참나무가 쓰러져 다른 나무에 걸쳐있다. 대나무는 올라오다 이 나무를 피해 약간 틀어 다시 곧게 자랐다.

의외의 모습에 한참 쳐다보았다. 마디를 늘리는 식으로 쑥쑥 자라는 성품으로 장애를 비켜 방향을 틀었다는 건 그 세계에선 변종이다. 옆 나무에 대한 배려인가, 아니면 살기 위한 지혜인가.

인생에 정답이 없듯이 세상에 절대적인 것은 없나 보다. 대나무는 제 나름대로 환경에 맞추어 적응한 것인데 그걸 또 의미를 붙이며 바라보는 시선은 인간의 독선인지도 모른다.

그래도 대숲에는 늘 바람이 불고 푸른 물결을 일렁이고 있다.

그늘을 팝니다

몽돌해변으로 유명한 해수욕장이다. 한낮의 뜨거운 기운은 훅하고 곁에서 입김을 불어넣어주는 것 같다. 태양의 열기에 출렁거리는 바닷물도 잠시 쉬는 듯, 몽돌이 빚어내는 해소음을 들으려했던 바람이 소금기 먹은 바람에 실려 날아간다. 햇볕에 달궈진 조약돌 위로 발바닥을 옴찔거리며 잠시 걷다가 일렬로 세워 둔 비치파라솔 아래로 들어섰다. 양팔 길이 정도의 그늘, 놀랍게도 거기에 오는 바람은 시원하다. 그늘에 서니 바다가 눈에 들어온다. 저편의 섬 자락이 부옇게 보인다. 온 세상이 익어버릴 것 같은 열기에 작은 그늘이 주는 청량감이 크다. 단체로 간 일행들이 삼삼오오 기념촬영을 하느라 부산하다. 그늘 아래에 서서 잠시 숨을 돌리자니 파라솔 주인인 듯,

한 남자가 다가와 혼잣말처럼

“이 사람들이 돈도 안 내고, 허허, 남의 그늘에 서서 돈도 안 내고…….”

그러면서 지나간다. 선바람에 사진 몇 장 찍고 다시 관광버스에 오를 참이라 그늘 값을 주기도 뭣하고, 달라는 이도 일행의 행동을 보니 피서를 온 것 같지 않아 더 이상 채근은 없다. 나같이 소심한 이의 귀에나 들어왔지 다른 사람들은 그냥 기념촬영에 바쁘다.

그늘 값이라, 그늘 값이라. 몽돌이 태양에 익어가는 해변에서 오래 머물려면 그늘 한 뼘을 사야 하겠다. 내리쬐는 햇볕과 비치 파라솔이 팽팽한 대결을 벌이는 동안 바람은 짐짓 모르는 체 귓불을 어루만지며 쉬어가리라.

그늘이 없으면 바다도 제대로 보이지 않는다. 선글라스 속의 눈동자도 뙤약볕에 시려서 눈이 자꾸 감긴다. 바다도 따가운 듯, 그늘 아래에서만 제 몸을 열어 보이는 것 같다.

우리가 살면서 그늘이 필요할 때가 어디 한낮의 해변뿐인가. 이미 많은 그늘을 지나왔고 늘 그늘 속에 있다 해도 과언이 아니리라. 국가의 그늘, 이 그늘을 잃어서 서러운 역사가 우리에게 있었다. 부모의 그늘, 스승의 그늘, 한 인간을 둘러싼 서로가 서로에게 끼치는 영향이 다 그늘로 비교할 수 있겠다.

'수양산 그늘이 강동 팔십 리를 간다.'는 말이 있다. 부모님의 사랑을 표현하는 말이 되기도 하고, 한 집안에 큰 인물이 나오면 그 덕을 보게 된다는 그런 말이기도 하다. 전자는 감동적이지만 후자는 사회의 부조리적인 요소가 될 수도 있어 그리 바람직한 것만은 아닌 것 같은 그늘이다. 소위 출세한 이에 기대어 불법을 행하다가 뉴스의 소재가 되는 이를 종종 볼 수가 있다. 이런 그늘은 우리를 분노하게 하고, 없애야 할 그늘이다.

또 없애야 할 그늘이라면, 세상의 밝음이 미치지 못하여 어두운 그늘이다. 세상의 온기가 닿지 않아, 사랑이 닿지 않아 시린 그늘. 살면서 그런 그늘에 한 번이라도 서 본 적이 없는 사람이 몇이나 될까. 돈이 없어서, 건강을 잃어서, 사랑을 놓쳐서, 믿음에 상처를 입고 가슴이 시리던 그늘, 그런 그늘에 서 보아야 태양이 제대로 보인다. 어느 글에선가 너무 태양만 쬐면 그 땅은 사막이 되어버린다는 구절이 있었다.

> 나는 그늘이 없는 사람을 사랑하지 않는다
> 나는 그늘을 사랑하지 않는 사람을 사랑하지 않는다
> 나는 한 그루 나무의 그늘이 된 사람을 사랑한다
> …… 하략 ……
>
> — 정호승의 〈내가 사랑하는 사람〉

태양 아래에선 두 눈이 감기듯 실눈이 된다. 두 눈은 그늘에서 크게 열린다. 살다보면 태양을 피하여 그늘이 필요할 때도 있고, 세상의 그늘에서 태양을 그리워할 때도 있고, 감사한 마음으로 그늘에 깃들어야 할 때도 있고, 누군가의 태양이 되어 그늘을 걷어주는 역할을 해야 할 때도 있으리.

뜨거운 해변의 파라솔 하나, 톡톡히 제 역할을 하고 있다. 시원한 바람으로 잠시 머물렀던 이에게 보시를 한 셈이다.

고약한 까치

아침에 일어나 베란다 문을 열면서 앞산을 바라본다. 산안개는 벌써 깨어 미륵산 봉우리를 쓸어 올리고 있다. 부지런한 사람들은 아침운동이 한창이다. 그보다 더 부지런하게 아침을 맞는 것이 있다. 남은 잠을 떨쳐내기라도 하는 양 깍, 깍, 깍……. 야단이다. 그런데 오늘 아침의 까치 소리는 여느 때와는 조금 다르다.

놀이터에서 나는 요란한 소리에 내다보니, 까치 떼가 한참 모여드는 중이다. 강아지 한 마리가 엉거주춤하니 서 있고, 그 주위로 까치들이 빙빙 돌며 강아지를 톡톡 쪼아댄다. 그 모습이 예사롭지가 않다. 강아지는 슬금슬금 피하다가 그중의 한 마리를 쫓아가보기도 하지만 까치들은 강아지가 쫓아오지 못할 만큼만 자리를 옮긴다. 강아지 행색이 영 말이 아니다. 흰색이었을 긴 털은 회색으로 보이고, 부스스하게 엉킨 모양새가 새들의 눈에도 만만하게 보이나보다. 강아지는 까치를 쫓아 보다가 원목놀이기구 계단 쪽으로 피한다. 그래도 새들은 난간에 앉아서 강아지를 에워싸고 있다. 난감한 강아지의 심경이 새벽안개를 타고 내게까지 전해오는 것 같다.

까치 떼의 위력을 처음 본 것은 아니다. 얼마 전에는 고양이 한 마리가 호되게 당하는 것을 보았다. 그날도 까치 소리는 평소 톤보다 훨씬 높고 거칠었다. 더욱 놀라운 건 그 소리를 따라 한 마리, 두 마리, 여기저기서 모여드는 것이었다. 마치 민방위훈련 공습경보 시 움직이는 것처럼…. 차 위에, 놀이터 갖가지 기구 위에, 쓰레기 위에, 폐휴지 묶음 위에, 아파트 옥상 난간 위에 모여든 새들은 꺼억, 꺽, 꺽, 꺽꺽 야단법석이었다. 아침부터 무슨 난리인가 하고 보니, 고양이 한 마리가 세워 둔 차들 밑으로 해서 달아나는 중이었다. 달아나는 고양이를 향해 까맣게 모여든 새들은 거칠게 짖었다.

고양이가 저들 구역에 무슨 해라도 끼쳤는가 보다. 그래서 종족보호를 위해 단결하여 적군을 물리치나 보다 생각했는데, 오늘 양상은 사뭇 다르다. 까치 소리도 그날 고양이에게 퍼부은 것과 다르고, 모여드는 속도도 다른 것이 강아지를 골려주는 모양새이다. 집단 괴롭힘이랄까. 내용은 몰라도 초라한 강아지가 더욱 안쓰럽다.

까치가 울면 반가운 손님이 온다고 하는 것도, 까치는 자기네 구역의 사람을 알아보고 낯선 사람은 경계하여 깍깍대는 습성에서 나온 말이라고 들었다.

'길조'라는 이름 달고 기업이나 지자체의 상징으로도 대우받는 새가 비루먹은 강아지 한 마리를 축구공 굴리듯, 이리 굴리고 저리 굴리고 하는 것이 고약하기 그지없다.

반갑다고 여기는 것도 인간이 하는 일이요, 홍보용으로 이용하는 것도 저들은 알 바 아닐 것이다. 새는 새일 뿐인데, 고약하다고 나무라는 나의 잣대는 무엇인가. 인간인 우리도, 저 강아지를 골리는 까치처럼 누구를 하나 희생양으로 몰아 댄 적은 없었을까. 나도 모르게 까치의 무리가 된 적이 있진 않았을까.

이제 강아지는 슬슬 눈치를 보며 놀이터를 벗어나고 있다. 까치들은 언제 그랬냐는 듯 흩어졌다. 터덜터덜 아파트 뒷길로 돌아가는 녀석의 뒷모습에 한동안 눈길이 떨어지지 않았다.

모기 이야기

옛날 옛적, 어느 바닷가에 어부가 살고 있었다. 어부에게는 예쁜 아내가 있었다. 그런데 어느 날, 아내가 갑자기 죽었다. 바다에 나갔다 사랑스런 아내의 죽음을 안 어부는 먹지도 자지도 않고 아내의 싸늘한 시신 곁에서 다시 살려달라고 기도를 했다. 신은 어부의 기도를 들어주기로 했다.

아내의 시신을 배에 싣고 몇날 며칠 노를 저어 신이 가리키는 땅에 이르렀다.

'너의 피 세 방울을 네 아내의 얼굴에 뿌려라.'

어부가 손가락을 깨물어, 아내의 얼굴에 피를 한 방울 뿌리자 살이 살아나고, 두 방울 떨어뜨리니 혈색이 돌고, 세 방울째에는 숨이 살아나 완전히 깨어났다.

어부는 앞날에 대한 희망으로 힘차게 노를 저어 고향으로 향했다. 잠시 들른 항구에서 큰 배의 젊은 선장과 아내가 그만 사랑에 빠져버렸다. 아내는 돌아가지 않겠다고 냉랭히 말했다.

"내 피 돌려다오." 배신감에 소리치는 어부에게

"흥, 그까짓 거, 자아 가져가세요."

아내가 손가락을 깨물어 피 세 방울을 흘리자마자 다시 싸늘한 시신이 되어버렸다. 그녀는 피 세 방울만 있으면 살아나리라 하면서 밤마다 피를 모으러 떠도는 모기가 되었다.

이 이야기는 베트남의 전설로 알고 있다. 어둠과 함께 나타나 여름밤을 괴롭게 만드는 이 얄미운 곤충. 모기에 시달리던 사람들이 지어낸 이야기지만 하필이면 바람난 여자라니. 모기노 잡고 여인네들 교육도 시키고 하는 차원이었나? 그 여자의 입장에서 보면 이제야 내 사랑을 만났네, 이겠지만 남편은 얼마나 괘씸하고 분통이 터지겠는가.

무릇 인간사 때를 맞춘다는 게 얼마나 중요한지. 때맞춰 먹고, 때맞춰 자고, 때맞춰 연애하고, 때맞춰 사랑하고. 모기도 때맞춰 때려야 잡는 데 성공하는 법이다. 살갗에 닿는 느낌이 오는 순간 재빨리 쳐야지, 그렇지 않으면 애꿎은 제 살만 붉으라니 손바닥에 얻어맞기 일쑤이다.

나는 유난히 모기에 잘 물리는 체질이다. 산길을 갈 때도 다른 사람은 멀쩡한데 나는 두터운 등산양말을 신어도 아랑곳없이 당한다. 그리곤 며칠을 가려움의 고문 속에서 보내야 한다. 연고를 발라보기도 하고 물파스를 발라도 소용없이, 어느 정도 시간이 가야 가려움에서 해방되는 것이다.

몇 년 전, 온 가족이 여름휴가를 갔을 때이다. 강진의 다산초당 아랫마을에 도착하니, 해는 설핏 지려고 채비하는 중이었다. 민박집에 짐을 부리고 초당에 다녀오겠노라니 주인아주머니가 손사래까지 치면서 만류한다.

"해질녘에는 모기 때문에 안 되어야아."

그 날 저녁, 민박집 마당에서 식사준비를 하는데 모기의 습격이 굉장하다. 시골 집 마당에 모깃불은 괜히 피우겠는가. 계속되는 모기의 공습에 못 견딜 지경이다. 나는 온 창문이 방충망으로 도배된 방안에 오도마니 앉아 남편과 애들의 가사실습을 구경만 해야 했다.

다음 날 아침 초당에 오르는 길, 풀숲에서도 수없이 물렸다.

다산선생이 쓴 〈모기憎蚊〉란 글에서 보면,

무서운 범이 울타리 아래에서 포효해도 나는 코를 골면서 잘 수

있고

긴 뱀이 지붕 모서리에 걸쳐 있어도 그것이 꿈틀거리며 가는 것을 볼 수 있음이로되

모기 한 마리 앵하는 소리가 귓전에 이르면 기겁하고 간이 떨어지고 창자가 졸인다.

이불을 감고 방어라도 하는 날이면 머리에 달려들어 불두佛頭를 만들어 놓으니. …… 중략 ……

대유大酉*에는 이 모진 곤충이 없을 것이매 거기에 거하지 못하는 내 부덕을 탓할 수밖에…….

다산 선생도 모기에게 어지간히 시달렸던 모양이다. 최근엔 이 모기가 계절을 가리지 않는 것이다. 여름밤은 그렇다 치더라도 겨울에는 이 무슨 일인가. 잠에 곤히 빠졌다가도 귓전을 맴도는 소리는 그냥 두기가 심히 괴롭다. 윙윙대는 놈은 수놈이라 피를 빠는 암놈과는 죄과가 다를지라도 수면방해죄 역시 간과할 수 없는 일. 자다가 모기 수색 작업을 한다. 천장이나 어둑한 벽, 옷장 모서리에서 놈을 발견하고 파리채로 후려치는데 실패하기 십상이다.

귀찮고 번거로워도 모기장을 치기로 했다. 모기를 피해 사람이 갇혀 있는 꼴이다. 방안에 모기장을 치고 누우니 어릴 적 모기장을 들척거린다고 꾸중 듣던 일이 떠오른다. 모기장 속에 있으면 왜 그리

도 소변은 자주 마려웠는지 모르겠다.

오늘도 한 방 물려 벌겋게 부어오른 팔을 긁으며 생각해 본다. 왜 하필 동물의 피를 양분으로 하여 종족을 퍼뜨리는 숙명을 가졌을까. 남 다 자는 밤에 헤매고 다녀야 하는 너희의 생도 참 고달프다. 인정받지 못하는 사랑은 어떤 비극보다 슬픈 것을 몰랐던, 이국異國 전설 속의 어리석고 용감한 여인(?)을 오늘밤에도 응징하리니.

* 대유(大酉): 36동천(洞天: 신선이 사는 곳) 중의 하나.

버스를 기다리며

벚꽃나무 아래에서 버스를 기다린다.

나무는 봄을 기다리며 서있고 나는 버스를 기다리고 있다. 한 시간 간격으로 운행되는 변두리행 버스는 좀처럼 오지 않고 건너편 건물 너머로 떠오르는 햇살은 눈이 부셔 일없이 눈물이 난다. 묵묵히 뿌리내린 자리에서 세월의 오고감을 겪었을 나무 아래에서, 나는 십여 분의 기다림에 슬슬 짜증이 피어오름을 느낀다.

지나가는 차들은 다들 어디론가 바삐 달아난다. 시간을 쫓아가는 것 같기도 하고 세월에 쫓겨 도망가는 듯도 하다. 지금 서있는 이 길이 모든 것의 시작이다. 여기서부터 한걸음을 내딛는 그 순간이 가까이는 옆집으로, 옆 마을로, 다른 도시로, 다른 나라로 가는 시작의 지점이다. 지금 내 앞으로 지나가는 저 사람들은 이 길에서 다른 세계를 생각지는 않겠지만 결국은 그렇게 가고 있는 것이다.

흑백TV 시절, 외화 중에 〈월튼네 사람들〉이란 드라마가 있었다. 우리나라로 치면 〈전원일기〉와 같은 그런 드라마라고 생각된다. 인상적인 한 장면이 내 기억 깊숙한 곳에 자리 잡고 있다.

극 중 어머니와 큰아들이 대화하는 장면인데,

"어머니, 저는 지나가는 기차를 보면 그 안에 타고 있는 많은 사람들이 어디로 갈까? 각자 무슨 사연을 가지고 기차를 탔을까 자꾸 생각해 보게 돼요. 어머니, 저는 그런 이야기를 책으로 쓰는 작가가 되고 싶어요."

그러니까 어머니가 아들을 다정스레 안아주며

"그래, 그렇게 될 수 있을 거야." 하고 격려해 주는 내용이었다. 그 걸 보며 작은 문화적 충격을 받았다. 서양이라도 실제 가정생활과 드라마가 다르겠지만 어머니에게 꿈에 대한 이야기를 하고 격려받는 것에 대해 부럽고 심란했다.

나도 등굣길에서 늘 그런 생각을 하곤 했기 때문이다. 가방을 들고 부지런히 걷는 학생들을 보면 저 많은 아이들은 뭘 먹고 나왔을까, 지금 우리는 어디로 향해 가고 있는 것일까, 이렇게 열심히 걸어가는 저 끝에는 무엇이 기다리고 있을까.

그런 생각을 하느라 걸음걸이가 느려지고 아버지는 "얘야, 땅 꺼질까 그러냐?" 그러기도 했다. 무슨 생각을 하느라고 그러냐, 너의 꿈이 무엇이냐 라고 물어보는 사람은 아무도 없었다.

오랜 세월 걸어온 길이다. 그 길 위에서 막막한 때가 있었다. 터널을 만나고, 내川를 건너고, 언덕을 오르고, 산을 넘고, 강이나 바다에 이르기도 했지만 길은 이어져 왔다. 앞으로도 이어지리라.

버스는 곧 올 것이다. 꽃망울을 품고 나무가 기다리는 봄도 이 길을 따라오리라.

서울, 아침, 지하철

채널 1.

떠오르는 햇살을 볼 시간이 없다. 급한 발걸음. 내몰리듯 보폭을 맞춘다. 온도계의 수은이 대롱을 타고 오르듯 숨은 턱밑까지 차고, 튕겨내는 하이힐 소리와 박제된 상냥한 음성, 집어 드는 무가지無價紙를 읽는 손도 흔들린다. 같이 출렁이며 활자를 훑어내는 시선, 그 시선 한번 지나면 신문은 신문이 아니다.

고해하듯 머리 숙인 젊은이, 흔들리며 지금 전쟁터로 나가고 있다. 머리칼은 짧고 거기에 무얼 발라 바짝 세웠다. 전투모를 쓴 것 같은 헤어스타일, 나이와 어울리지 않게 빛나는 새치들, 귀로도 공급받는 전투 식량, 일찍이 어머니의 뱃속에서 탯줄로 전해

받던 양식, 배꼽의 문은 닫히고 양쪽 귀에 탯줄을 꽂았다. 두 귀는 열어둔 채 아직 덜 깬 잠, 머릿속은 한참 적진을 공략할 작전회의 중이다.

그 사이로 활기차고 반짝이는 눈동자들이 선반 위로 달린다. 약속한 듯 양쪽으로 달리는 발걸음. 신문이 아니다. 사냥감이다. 한 부라도 빨리 안아야 한다. 이 나이 먹도록 이렇듯 소중하게 사냥감을 안아 본 적이 없다. 품에 안고 달린다. 보폭은 차체의 흔들림에 같이 맞추고 활자 바랜 신문, 한 번의 뒤적임으로 몸을 버린 너를 우리가 거두어야 한다.

백발이 성성한 전투원들, 젊어 한때는 땅 위에서 달렸다. 그 발자국은 이제 너희들이 자라면서 따라올 것이다. 너희의 발자국으로 디뎌 채울 것이다. 오랜 시간 걸어 익숙한 발걸음은 흔들리는 차 안에서도 우리는 달릴 수 있다. 너희가 버린 것 우리가 가슴에 주워, 그리고 달린다. 출렁인다.

어떤 이는 안쓰러운 듯 바라본다. 괘념치 않는다. 다른 칸에서 누가 먼저 가져가지만 않으면 하는 바람, 간단한 기도, 이런 기도는 쉬이 들어 주시리라.

한 발 늦은 주자, 빈 선반을 훑으며 옆 칸으로 가고 손에 쥐고 있던 신문 슬그머니 선반에 걸쳐놓으며 내릴 준비하는 중늙은이 사내,

깨끗한 와이셔츠 깃에 내려앉은 아내의 지령, '오늘도 무사히, 오늘도 많은 수확을.'

우리 모두 이 긴 통로를 지나 지상으로 올라서는 순간부터 각자의 작전계획에 따라 전투에 임하기 위해 숨을 고른다.

채널 2.

이른 아침 서울의 지하철 안은 바쁨과 서두름과 전날의 피로를 지고 있는 사람들로 분주했다. 아침에 시장 봐서 뜨듯하게 매운탕 끓여먹고 하루를 시작하는 우리 동네에선 볼 수 없는 살벌한 풍경이다.

젊은 사람들은 어학 공부인지 음악을 듣는지 귀에는 리시버를 꽂고 휴대폰을 만지작거리고 있다. 객지에서 공부하랴, 작장 다니랴, 바쁜 딸아이를 보고 오는 길이라서인지 짠하기만 하다.

자리에 앉은 사람은 못한 잠을 보충하는 양 고개를 주억이며 졸고, 서 있는 사람들은 거개가 신문을 보게 마련인데 지하철역 입구에 비치된 무가지들이다. 신문을 한번 훑어보고 선반에 올려놓으면 노인들이 거두어간다. 얼마 전에는 다른 사람이 두고 간 것을 내려 한 줄 읽어보기도 했으련만 요새는 어찌나 경쟁이 심한지 잠시도 뜸이 들 여지가 없이 가져간다.

야윈 발목이 드러나도록 댕강한 바지춤을 추슬러가며 흔들리는 차량 안에서 신문을 거두는 것이 어디 쉬운 작업이랴. 저 나이에 체력이 안 되어 수거작업마저도 할 수 없음에 비하면 다행이고 고마운 일이지만 한편으로 또 안쓰럽다.

한 객차에 두 사람이 등장했다. 조금 젊어 보이는 사람이 걸음도 빨리 선반 위를 손으로 더듬어 가는데 뒤따르는 노인은 한눈에도 병색으로, 백발 아래 두 눈자위가 퀭하다. 양말 없이 신은 운동화는 헐떡거리고 손은 굼뜨다. 저 할아버지 저러다 한 부도 못 가져가면 어쩌나 하고 조바심을 내고 있으려니 둘 사이에 약속이 되어 있는 듯, 한 쪽씩 맡아 신문을 거두어 갔다. 곧이어 다른 노인이 등장했으나 빈손으로 다음 칸을 향해 발걸음을 서둘렀다, 차체는 흔들리고 손잡이에 의지해서 급히 옆 칸으로 가는 뒷모습을 보며 이미 우리 눈앞에 펼쳐진 고령화 사회의 한 단면을 보는 것 같았다. 늘어난 평균 수명으로 보편적인 인간의 라이프 사이클에서 보면 노년기가 길 수 밖에 없다. 그러나 노년기에 생활을 안정적으로 할 수 있는 경제적인 여력이 되지 않는 이들은 어떻게 해야 하는지. 자식들이 있어도 그들도 넉넉지 않은 살림에, 부모가 그랬듯 그들의 2세를 위해 또 전력을 다하고 있을 것이다. 늘어나는 노인 인구에 비해 노인들의 일자리는 한계가 있고, 정부의 복지제도도 완벽하기는 어려운 일, 앞으로 우리가 당면해야하는 심각한 문제이다. 얼마 전부터 지하철에 이런 문구가 등장했다는 소식이다.

'보고 나신 신문을 선반에 올려놓지 맙시다.'

찜질방에서

친구 아들의 결혼식이 있어 부산에 갔다. 아기 때 모습이 기억 속에서 아직 생생한데 벌써 장가를 간다니 대견하기도 하고 우리가 언제 이렇게 나이를 먹었나 싶다. 이런저런 마음으로 우리의 젊은 날이 뒤돌아보여서일까, 그날 장가간 녀석보다 엄마의 친구들이 더 흥이 올랐다. 오랜만에 만난 회포를 수다로 노래로 풀다보니 막차를 놓쳐버렸다. 친구에게 폐를 끼치기도 편치 않아 하룻밤 잠자리로 찜질방을 찾아들었다.

휴식을 위한 공간이기도 하지만 오늘 우리에게 찜질방은 나그네를 위한 현대판 주막이라고나 할까. 유니폼인 양 똑같은 옷을 입고 손목이나 발목에 번호패를 찬 모양이 생경스러우면서도 편안한 수

형자(?) 같다.

현대인의 종교 '몸에좋은'교(?)의 제1조, '남자는 정력에 좋고 여자는 피부에 좋은' 교리대로 피부에 좋을라나 하고 각 방을 순례하기로 하였다.

원적외선을 내뿜는다는 황토방, 당연히 창문은 없다. 눈에 보이지 않는 원적외선을 어떻게 쏜다는 건지. 수많은 원적외선의 화살촉을 장전한 듯 황토벽은 거세 보인다. 제갈량이 안개 속에서 짚 인형으로 수만 개의 화살촉을 얻어냈듯이 이 순간은 원적외선의 화살촉을 받아내는 짚 둥치가 된 것 같다.

벽을 치장한 재료에 따라 이름 붙은 보석방, 어디든 만병통치 원적외선은 따라다닌다. 세상의 어느 왕궁의 방이 이렇듯 호화스러울까. 어둑한 조명 아래 자수정 덩어리는 섬세한 세공사의 손길이 닿지 않은 불운한 팔자를 한탄하기라도 하듯 우울한 빛을 띠고 있다. 손길이 절로 가는 벽, 명색이 보석이라 거친 질감도 아름답게 다가오고 찬란한 방에서 우리의 땀도 찬란하게 흐르려나 하는 생각으로 웃음이 나온다.

얼음방으로 간다. 얇은 옷으로 맞는 추위. 냉동실에 들어앉은 듯, 시베리아를 느낄 수 있는 방. 그곳의 겨울은 우리가 상상할 수 있는 범위를 넘어 추울 것이다. 어느 책에선가 이런 글을 본 적이 있다.

19세기 러시아의 이야기였을 것이다. 겨울에는 길에 다니는 사람들을 위해 군데군데 대피소를 마련하고 난로를 피워 놓는다고 그러면 길을 가던 사람들이 쉼표를 찍듯, 발걸음을 멈추고 잠시 몸을 녹이며 간다고. 그 추위를 지금 우리는 일부러 얼음방을 찾아 즐기고 있다.

떠나온 바다를 간직하고 있는 소금방, 그곳을 걸으면 뽀드득거리는 소리가 난다. 파도가 햇볕에 타서 내는 소리. 세상의 모든 것을 다 받아주어 '바다'라고 한다던가. 바다의 영근 열매라서 그런지 피부를 꼭꼭 찌르면서도 슬그머니 체형대로 자리를 만들어 푸근하게 안아주는 듯, 거기에 누워 바다에서 먼 사막을 생각함이랴. 낙타를 타고 작열하는 태양빛을 받으며 끝없는 모래 지평선에 눈길을 주고 하염없이 발길을 옮기는 아라비아의 여인이 되기라도 한 것일까. 타월을 둘러쓰고 묵묵히 있자니 이런 생각도 든다. 노동이나 운동으로 흘리는 땀이 아닌 그저 땀내기를 위한 이런 시설이 현대인의 어떤 아이러니를 나타내는 단면이 아닐까 하는.

구경삼아 돌아본 뒤 잠깐 눈을 붙이고자 수면실을 찾았다. 군데군데 "과도한 스킨십을 삼갑시다"라는 문구가 붙어있다. 남녀노소 한 공간에서 편하게 지내는 곳인데 민망한 광경도 연출되기도 하는가보다. 혹시 모를 과도한 스킨십의 공격(?)을 피해 여자 수면실로 향했다. 깊은 밤이라 대부분 한 장의 모포를 의지하여 자고 있다. 각자의 집에서 잠시 떠나 낯선 이 공간에서 길게 누워 잠에 취해 있는 이들, 옷깃만 스쳐도 인연이라는데 가족이나 친척 지인으로 맺어지지 않은 가느다란 인연의 줄이 이 공간에 자리하게 된 건 지도 모르겠다. 일상의 잠자리를 떠난 낯설음도 잊은 듯, 곯아떨어진 사람들을 보며 쉽사리 오지 않는 잠을 청했다. 뒤척이다가 그래도 잠시 잤나 보다. 눈을 뜨니 새벽이다. 서둘러 짐을 챙겨 밖으로 나왔다. 세상이 막 기지개를 켜고 톱니바퀴를 맞물리며 돌아가기 시작한다. 도시가 깨어나는 소리, 그 소리 속으로 들어서며 찜질방 건물을 뒤돌아보았다. 불교에서 말하는 열탕지옥이란 데는 뜨거운 열기로 생전의 죄를 심판한다는 곳이다. 지옥은 아니지만 뜨거운 열기에 땀깨나 흘렸으니 하루치 벌은 감면 받은 것이 아닐까 하는 생각이 잠시 스쳐간다. 찜질방에서 하룻밤 보내면서 사람 구경은 참으로 다양하게 했다.

세상이 바뀌고, 생활 방식이 바뀌고 그에 따른 시설이 생겨나고 이래서 문화가 형성되는 것 같다. 현대의 우리 생활 깊숙이 들어와 있는 찜질방 문화. 가족끼리, 친구끼리, 연인끼리 마음 편하게 쉬면서 즐길 수 있는 곳, 건강에도 도움이 된다는 믿음으로 나이든 사람들이 온돌 구들장의 향수를 달랠 수 있는 곳, 그러나 갓난아이를 데리고 온 젊은 엄마를 보면서 걱정스럽고 안타까운 나는 찜질방의 단골고객이 되기는 어려울 것 같다.

토종 한국인

내 실수를 지적하는 남편에게 변명이 궁색해질 때가 있다. 그러면 남편의 기분을 풀어 주면서 내가 한껏 사존심을 내세우는 말, "아저씨, 장비張飛가 유비劉備한테 형님이라고 했지 아마. 어히! 큰집 사람한테 이라면 되나?" 이러면 남편은 피식 웃는다. 남편의 성인 장張씨는 잘 몰라도 유劉가인 나는 전혀 근거가 없는 말이 아니기 때문이다. 중국에서 귀화한 성으로 알고 있는 거창 유씨 거타군파 재在자 항렬의 딸이, 인동 장씨 아들에게 시집와 살면서 우스개로 하는 소리이다. 장씨도 중국에서 건너온 쪽과 중동계인 덕수 장씨가 있다는데 남편의 본관이 인동임에도 나는 한번씩, "당신, 본관 착각한 것 아니요?" 하고 놀린다. 얼굴이 얼핏 보면 성탄 특집 외화外畵에

'이집트 군사 1' 쯤으로 등장하는 사람과 조금 닮았기 때문이다. 곱슬머리에 구레나룻 수염, 색깔 또한 노란빛이 많다.

고대사회에서도 국제간의 상 교류商 交流는 있었던 모양이다. 중동지방에서 유리나 구슬 등을 낙타에 싣고 사막을 건너, 낮에는 걷고 밤에는 쉬며 걸어 중국을 거쳐 신라 땅에 닿으면 육 개월 정도 걸린다고 한다. 그럼 가져온 물품을 신라에 팔고 신라의 비단 등을 중국이나 중동지역으로 가져가서 파는데 또 그만한 시간이 걸리니 왕복 일 년 정도 시간이 걸리는 셈이다. 일 년여 걸리는 장사가 수익은 큰데, 더욱 이문이 있는 건 외국인이라 세금도 내지 않았다. 신라 정부의 입장에서 보면 국고의 손실이 아닐 수 없다. 그래서 이 중동의 상인들에게 시민권을 가지게 하였으니, 그 때 귀화한 이들 중에 장씨도 있다 한다.

결혼 전, 외항선원으로 중동지역에 가 본 일이 있는 남편은, 얼굴 좀 그을리고 수염을 며칠 깎지 않으면 현지인인가 구분이 안 되기도 했다 한다. 왠지 그쪽 사람들 주식인 양고기가 입맛에 맞더라고 한 술 더 뜬다. 다른 이들은 느끼하고 특유의 고기 냄새가 역겨워 식사를 잘 못하는데 자기는 별 거부감이 없이 잘 먹었다고도 한다. 원체 좋은 식성이 무엇인들 가리랴 하면서도, 몸속 저 깊은 곳의 DNA가 고향의 맛을 알아봤나 하는 생각이 들기도 하는데 너무 거창한 비약

인가? 그럴지도 모른다고 내 마음 어느 곳에서 스물스물 동조하는 그 무엇을 느낀다.

친구들과 중국의 장가계로 여행을 갔을 때이다. 평소에 몸 상태가 부실하여 우리 고향의 300고지 미륵산 정상도 조심스러워 잘 가지 않는다. 정상으로 가는 길목 오른쪽 능선을 종주하고 심하게 앓은 적이 있다. 평소에 하던 활동 범위 내에서 벗어나면 몸은 반드시 너까불지 말라고 응징을 한다. 그런 체력으로 친구들과 함께하는 외국 여행에서 민폐나 끼치지 않을까 하는 염려가 되었다.

그러나 해외여행이라는 설렘 때문이었을까. 많이 걷는 여행코스도 코스지만 일행들이 입맛에 맞지 않아 하는 음식도 그렇게 힘들지 않았다. 장가계에 갔다 오고 나니 자신감이 생겨 남편친구 모임에서 가는 황산에도 갔다. 무수한 돌계단을 씩씩하게 걸어 연화봉 정상에 올랐다. 산 중턱 호텔에서 일박하고 오른 것이니 전문적인 등산은 아니지만 1,864M의 정상에 서니 하늘에 오른 느낌이었다. 내 안의 천여 년 지난 DNA가 고향 바람 쐬고 기운이 난 것인가. 남편 말대로 중국 체질인가.

단순한 지식으로 내가 어디 사람이라고 단정하는 건 참 우스운 일이다. 천여 년 전에 중국에서 건너온 한 남자의 성씨만으로 내가 있는 건 아니기 때문이다. 멀리는 몰라도 어머니는 철성(고성) 이씨.

할머니는 경주 이씨. 외할머니는 양씨. 그런 성씨의 여자들의 딸이기 때문이다. 남편만 해도 할머니는 김해 김씨, 어머니는 제주 고씨이다. 노래가사가 아니라도 내 안에 내가 여럿 있다.

성은 어찌되었건 간에 나는 어쩔 수 없는 토종 한국 사람이다. 요사이 신문에는 동북공정에 대한 기사가 자주 오르내린다. 우리 입장에서 보면 어이없는 일이다. '독도가 우리 땅'이라고 목청껏 외치고 고구려 역사왜곡이란 기사에 흥분하다 보면, 인류창조 이래로 나는 이 땅에서 생겨나 오늘에 이른 존재임이 틀림없다. 글로벌 시대 어쩌고 하지 않아도 요즘은 도농 할 것 없이 국제결혼이 늘었다. 지금은 그들이 피부 색깔이 다르고 2세들의 외모가 낯설지라도, 세월이 흘러 몇 세대를 지나면 피도 뼈도 우리와 똑같아 다름이 없을 것이다. 다문화를 인정하면서도 한문화로 어우러지는, 피부 색깔에 상관없이 이 땅에 토종으로 뿌리내렸으면 하고 생각해 본다.

봉사와 위로

서울에서 내려오는 버스 안이다. 병원에 다녀오는 길이라 심신이 지쳐 마음이 좀 울적하다. 하릴없이 물끄러미 차창 밖을 보다가 휴대폰으로 친구에게 메시지를 띄워본다.

'사는 게 학교 때의 숙제 정도로만 어려웠으면 좋겠다.' 학교 숙제 그건 그야말로 아무것도 아니었다. 세상일이 이렇게 만만치 않았음을 알았다면 어떻게 했을까? 지나고 보니 아무렇지도 않고 아름답기까지 하지만, 그 시절에는 또 그 나이에 맞춰 어려워했다. 그러나 세월이 지나 추억의 창고에 아름답게 채색되어 보관되듯이, 지금 이 순간의 고통도 먼 훗날에는 또 다른 색채로 칠해져 있을 것이다. 어른들의 말씀대로 '옛말하며 살 날'이 오지 않을까, 그렇게 스스로에게 위로를 보내며 눈을 붙였다.

네다섯 시간 앉아서 남쪽으로 내달리려면 자는 것이 상책이다. 밖에는 햇살이 한창인 시각이지만, 버스 안에는 시간이 그대로 멈춰 있는 것 같다. 작정하고 잠을 청하기를 여러 차례, 어느새 경상남도라는 이정표가 보인다. 그 이정표만으로도 집에 다 온 것 같다.

잠도 뿌리가 뽑혔는지 더 이상은 오지 않고 차창 밖으로 눈길을 두고 이런 저런 생각에 잠긴다. 차창을 스치는 풍경은 대한민국 어디나 비슷하다. 낮은 능선을 따라 마을이 있고 논밭이 있고 그리고 봉분封墳이 잘 다듬어진 무덤들. 외딴집이 보이면 저런 곳에 사는 이는 누굴까, 시장은 가까울까, 생활하기 꽤나 불편하겠다는 생각도 해본다.

풍경에 무심히 눈을 주고 있는데, 버스가 산청을 지날 때이다. 너무나도 오랜만인데 눈에 익은, S자로 시작되는 이름의 요양원이다. 전에는 여기를 지날 때면 밖이 어두워 잘 볼 수 없었고, 새로 길이 나면서 눈에 잘 띄지 않았다. 아이들이 천주교 부설 유치원에 다닐 때, 원감 수녀님을 따라 자모회 회원들과 방문한 적이 있다. 한센병 환자들이 모여 사는 곳으로 봉사랍시고 가기는 하지만 어떤 일을 할지, 그곳 분위기는 어떨지 자못 궁금하기도 하고 걱정스러웠던 기억이 떠오른다.

버스로 도착해서 큰 내川를 가로 지른 다리를 건넜다. 수사님이 마중을 나오셨는데, 자기소개를 '치마 입은 남자'라고 해서 잠시 웃음이 일었다. 거기에 수용된 사람들은 어느 정도 치료가 된 분들로 주로 노인들이었다. 남녀 숙소가 따로 있고, 방에는 한쪽 벽면으로 옷장이 각자의 이름으로 꽉 차 있었다. 비록 외모는 많이 상했어도 그렇게 어둡지 않은 표정의 어른들을 보면서 우리도 처음보다는 마음이 많이 가벼워지는 것 같았다.

간단한 주의사항을 듣고, 몇 명씩 조를 나눠서 개인 주택에 들르게 되었다. 어느 할머니 댁에 들어섰다. 사람이 그리웠다는 그 할머니는 소식 끊긴 자식들에 대해, 원망보다는 미안한 마음뿐이라며 당신의 신세 한탄을 풀어놓았다. 내용인즉, 독신 노인들은 단체 숙소에서 공동생활을 하고, 부부는 요양원 내 주택에 거주하게 되어 있다. 이 할머니도 남편이 생겨 이 주택에서 서로를 의지하며 살고 있는데, 문제는 다른 할머니가 자꾸 자기 남편에게 접근하는 것 같아 속을 많이 끓이고 있는 중이라는 것이다. 시앗을 보면 돌부처도 돌아앉는다는데 할머니 고민이 이만저만이 아닌 것 같았다. 애정싸움에 시원한 판결을 내릴 연륜도 못 되는 우리는, 남편 욕은 하지 않고 상대방 할머니 흉만 보는 말씀에 맞장구만 칠 수밖에 없었다. 남편을 뺏기면 주택 생활도 할 수 없고 다시 단체 숙소 생활을 해야 한다며 심란해 하는 그분을 보며 마음이 아팠다. 나이 든 어른들이 단체 생활을 하는 것이 편하지 않을 것이다. 그래서 연적인 할머니도 자기 남편을 뺏으려 한다는 것이다. 할머니의 건투를 빌며 우리는 그곳을 떠났다.

돌아오면서 문득 우리가 그들에게 도움을 주러 간 것이 아니라 도리어 많이 받아 온다는 생각이 들었다. 다람쥐 쳇바퀴 도는 이 일상이 얼마나 감사한 일인지, 한참 동안 감사의 샘물이 내 가슴을 흠뻑 적시던 때가 있었던 걸 잊고 살았다.

그 할머니는 지금도 계실까. 지금 생각하면 그리 많지 않은 나이였는지도 모르겠다.

버스는 계속 달리고 완전한 어둠에 싸인 차창은 나를 되비쳐 준다. 감사해야지. 이만하면 고마운 일이 아니냐. 정기적인 검사를 해가며 관리할 수 있는 것만으로도 축복받은 일이지. 내 건강으로 인해 사랑하는 사람들이 걱정하지 않도록 해야지.

이윽고 버스가 터미널에 닿았다. 저만치 마중 나온 남편이 보인다. 고맙다.

민들레의 희망

초등학교 담을 따라서 이어지는 길은 벚꽃이 필 때면 아름다운 터널을 이룬다. 햇빛에 하얗게 빛나는 꽃 터널을 지나노라면 인적이 드물어 나 혼자 새봄의 궁전에 초대된 듯 호젓함을 누릴 수도 있다. 이런저런 이유로 가파른 고갯길이지만 지나다닌다.

길은 이마에 닿을 듯이 위로 솟구쳐 오르는 것 같다. 숨이 차서 잠시 발길을 멈추자 스치는 시선에 환하니 들어오는 것이 있다. 하수구 철망 안에서 활짝 웃고 있는 노란 민들레꽃이다.

비가 오면 도랑물이 조금 흐르는 곳. 갈수기에는 잡초가 나기도 하는데 철망이 보호막 역할을 해 사람의 발길을 걱정할 것도 없어 여느 땅에서 뿌리 내린 것보다 꽃은 더욱 크고 빛나 보인다.

비록 흘러온 한줌의 토사 위에 자리 잡고 있을지라도 저리도 밝게 빛날 수 있는 것은 민들레 나름의 꿈이 있어서가 아닐까. 언젠가는 내 씨앗에 하나하나 날개를 달아 이 철망을 벗어나 하늘로 날아오르리라. 이 생生에서는 비록 험하고 위태로운 땅에 뿌리를 내려 척박한 삶을 살지라도 내생來生에는 푸른 들판 양지바른 곳에서 시작하리라.

햇살 아래 환히 빛나는 노란 꽃잎을 보며 청전스님의 법회에서 들은 이야기가 생각난다. 이 스님은 티베트 망명정부가 있는 인도의 다람살라에서 달라이 라마를 스승으로 모시고 의료봉사와 수행을 하면서 〈달라이 라마와 함께 지낸 20년〉이란 책을 내기도 했다.

인도 북부 해발 1,768미터 히말라야 산자락에 자리한 망명정부이니 여건이야 오죽 어렵겠는가. 하지만 그렇게 불행해 하지 않고 다들 열심히 살아가고 있다고 한다. 꼭 어느 종교를 믿어서가 아니라 지금 이렇게 고생스럽지만 열심히 닦아 가면 언젠가는 좋은 날이 올 것이라는 희망이 이들을 행복하게 살아가게 하는 힘이라 한다. 그런데 우리나라에 와서 보니 무엇인가에 쫓기는 듯 어찌나 바쁘게 사는지 여유롭고 행복한 모습이 드물더라는 것이다. 소득수준은 높아져 선진국 대열에 들어섰지만 그에 비례해서 우리의 삶이 질적으로 행복해졌는가.

국민총생산액을 경제 발전의 지표로 삼아 GNP 몇 달러냐에 따라 선·후진국으로 나뉘는 국제적인 현실에서, 국민총행복지수 즉, GNH를 측정하고 그것을 높이기 위해 정책을 실시하는 나라가 있다고 한다. 부탄이라는 곳이다. GNP지수가 우리의 행복과 반드시 비례하지 않음을 우리도 느끼고 있다.

행복이란 것이 무엇일까. 현실의 만족감도 중요하겠지만 인생을 멀리 보는 시선, 내 인생이 지금의 이 생生만이 아니라는 인식, 지금의 불행은 나의 어느 생에서의 잘못으로부터 비롯되었고, 지금 현실에서의 노력과 선행으로 다음 생에서는 지금보다 나을 것이란 희망이 있어 망명 정부일망정, 낮은 소득임에도 불구하고 그들은 행복할 수 있는 것이 아닐까.

지금 뿌리 내린 곳은 척박한 한줌의 흙일지라도, 언젠가는 날개를 달고 멋진 옥토에 자리 잡는 그 날을 꿈꾸는 오늘 이 민들레꽃처럼.

부처님, 아시지예

어느 시골 교회에서 한 할머니가 기도를 열심히 하고 있었다. 주일이면 신도들이 점심을 교회에서 먹는데, 밥을 짓는 할머니와는 마을에서부터 앙숙인 사이였다. 사사건건 둘 사이에 시비가 끊이지 않았다. 밥을 짓는 할머니가 신도들에게 감사 인사를 받자 심통이 난 것이다.

"아버지 하느님, 저 ○○ 집사는 밥 안칠 때 솥을 깨끗이 안 씻는다 캅니더. 이래 갖고 되겠습니꺼. 혼을 좀 내주이소."

꼭 성취되기를 바라서인지 큰 소리로 기도를 했다. 앙숙인 할머니가 그 기도를 고스란히 들었다. 흥분한 할머니가 가만히 있을 리가 없었다.

"내가 을매나 솥을 칼커리 씻는데 니 지금 뭐라카노. 응? 니가 봤나, 봤나. 니 그런 엉터리 말하면 지옥 갈 끼다."

이렇게 다잡아 따지며 지옥까지 언급하니 고자질하던 할머니는 더럭 겁이 났다.

그래서 다시 기도를 올렸다.

"아이구 아버지. 그런 기 아니랍니다. 깨끗이 한다 쿠네요. 내가 잘 몰랐네요. 죄송합니다. 용서해주이소"

전에 다니던 직장 동료가 전해준 이 이야기를 들으며, 나는 오래 전에 읽었던 죠반니노 과레스키가 쓴 ≪신부님 신부님 우리들의 신부님≫이란 책이 생각났다. 이탈리아의 시골 마을 신부님과 마을 읍장의 이야기가 재미있게 묘사된 내용인데, 종교를 떠나서 사람 사는 마을에는 있을 법한 이야기였다.

신앙생활을 누구보다도 열심히 하는 그 동료는 한 번씩 기도 중의 에피소드로 우리의 점심시간을 재미있게 만들었다.

또 하나의 이야기인즉, 부흥회가 열린 날, 통성기도 시간에 누군가가 "아버지, 아시지예. 아버지 아시지예." 하면서 울고 있더란다. 하도 큰 소리로 간절하게 외치기에 뒤돌아보니 학교 후배였다. 늘 화려한 옷차림으로 저만치에서 걸어와도 시선을 한몸에 받는 사람이었다. 전문직 직업을 가진 남편과 귀여운 아이들을 두고 풍요로운 생활을 하고 있어 아무런 걱정이 없어 보였는데 무엇이 그녀를 그렇게 간절하게 했을까. 그 이야기 후, 우리도 모르게 '아시지예?'를 자주 쓰게 되었다. 소위 유행어가 된 셈이다.

속속들이 개인사를 알 수 없지만 '301호나 302호나 사는 것은 다 똑같다.'는 말도 있듯이, 다들 삶의 짐은 자신에게 버겁게 지워지는 것인가 보다. 그 정도가 약하고 센 강도가 다를 뿐.

내 마음을 알아줄 이가 어디엔가 있어, 내 속을 환히 알아 말하지 않아도 다독여준다면 얼마나 위로가 될까.

세상에서 제일 가깝다는 가족도 서로를 잘 모르는 것 같다. 진심이 통하지 않을 때의 외로움은 사람을 더욱 외롭게 만들 뿐이다. 나를 알아준다는 것이 지인知人이 아닌가. 나를 알아주기를 바라는 것이 얼마나 이기적인 욕심인지, 나는 누구의 마음을 알아주기를 부지런히 했는가. 상대방의 마음을 읽어주는 것에 아직도 서툴다. 가까운 사람이 내 마음을 알아주기를 바라지만 말고 나도 알아주는 사람이 되어야 하는데 어렵기만 하다. 그래서 늘 허둥댄다.

건강이 악화되어 직장을 그만두고 등산으로 소일하던 무렵, 자주 들르는 인연에 이끌렸는지 절에 다니기 시작했다. 절에도 시골교회의 고자질 기도 할머니 같은 분이 있었다. 초보신도에게 마주치는 사람마다 한마디씩 법문을 하려 들었다. 갖가지 법문을 하고, 사소

한 초보자의 실수에도 가르침인지 간섭이 쏟아졌다. 시어머니가 백여 명, 동서가 백여 명은 되는 것 같았다.

보살계 수계를 위해 쌍계사에 갔을 때이다. 스님에게 여쭈어보았다.

"스님, 절에 오니 시어른이 너무 많아요. 어쩌면 될까요?"

"그래요? 그럼 우선 법복을 갖춰 입어보세요."

"아직 천수경도 못 외는데요. 거창하게 회색 옷을요?"

"군인이, 훈련 마치고 군복 입습니까? 군복 입고 훈련을 합니까?"

말씀인즉 지당하다. 어색하여 입을 엄두를 내지 못한 회색 절 바지를 당장 구입하였다. 그래도 나의 하심下心이 부족하여 기분이 상할 때가 있었다. 어떤 이는 공부가 덜되었다고 했다. 예전에 그 후배의 기도가 생각났다. '아시지예?' 하면 단박에 마음을 알아주기가 인간 사이에서는 어려울 것도 같았다. 후배의 하나님과는 예배 대상은 달랐지만, 같은 기도라 통하는 것은 그리 무리가 아닐 성싶었다.

세상 살면서 억울하고 서러운 일이 하나 둘이랴. 어디 하소연이라도 하고 싶을 때,

"부처님, 아시지예?" 하고 법당에 앉아본다. 아무 말은 없다. 빙긋한 미소로 답할 뿐.

공든 탑

미륵산 등산길을 걷다 보면, 능선을 걷는 중간쯤에 피곤한 다리를 쉬는 너덜지대가 있다.

정상으로 가는 길목의 갈림길에서 왼쪽으로 꺾어 내려가는 길목에 누군가 한 짐 부려놓은 듯한 돌밭을 만나게 된다. 이 길을 지나다니는 사람들 중, 반 이상은 그 자리에 앉아 다리 쉼을 하게 마련이다. 띠밭등으로 가는 길목인 이곳은, 숲 사이로 통영항을 조용히 바라볼 수 있는 곳이다.

천함산 뒤로 겹겹이 보이는 능선은 아득하다. 오른쪽으로는 거제대교가 보이고 호수 같은 바다라는 걸 실감하는 경치가 눈앞에 펼쳐진다. 햇살 좋은 날은 온 통영이 유쾌하게 반짝거리는 듯하다. 미륵산 정상에서 보는 항구도 아름답지만 이곳에서 보는 경치도 일품이다. 처음 보는 사이라도 커피를 나누어 마시고, 과일 한 조각이라도 주고받는데, 땀이 식어가며 느끼게 되는 선선함과 함께 기분 좋은 자리가 된다.

거기에 누군가 탑을 쌓기 시작했다. 탑을 쌓느라고 돌을 헤쳐 놓는 바람에 그 자리가 엉망이 되었다. 좁은 길섶에 자리 잡은 엉성한 탑이 무너지기라도 하면 반대쪽은 언덕이라 피하기도 어렵다. 얼마쯤 지나 탑이 모양을 갖추나 싶더니 우려대로 무너져버렸다. 탑은 둘째하고 가파르고 거친 길이 더욱 걷기 사납게 되었다. 괜히 건드려, 걷기에 불편하게 만든 이가 누군지 원망스런 마음이 일었다.

그러던 어느 날, 중년의 남자가 돌을 차곡차곡 계단식으로 쌓아서 앉을 자리를 만들고 있었다.

"수고하십니다. 좋은 일 하시네요."

그는 나지막한 음성으로 "나이가 드니 남을 위해 뭔가 하고 싶어서 시작했습니다." 정상으로 가는 길목도 돌을 하나하나 져다 날라서 다듬었다고 한다.

종전에 무너진 탑을 쌓은 이도 이 아저씨가 아닌가 하는 생각이 순간 들었지만, 등산객이 혹시라도 미끄러질까 싶어서 한 일이라는 말을 들으니 마음이 따뜻한 사람이구나 싶다.

담배를 피우고 꽁초를 아무데나 버리는 사람, 개를 목줄도 없이 데리고 다니면서 '우리 개는 안 물어요.' 하는 사람. 주인은 안 물지 몰라도 개는 개인 것을. 배설물은 또 어떤가, 산길을 걷는 발길도 조심스레 내디뎌야 한다. 이런 사람들 때문에 오염된 산 공기가 이 아저씨로 인해 정화되는 느낌이다.

조그만 크기라도 무거운 돌을, 하나하나 정성껏 쌓으며 누군가를 위해 애쓰는 모습이 아름답다. 쌓아 놓은 자리에 앉아보니 의자 높이를 고려해 쌓은 것을 알 수가 있다. 미적인 감각도 있고, 위의 잔돌이 미끄러져 내려올 것을 대비해 쌓아놓은 계단을 보면 생각과 배려의 깊이가 느껴진다.

어떤 산길의 통나무 계단은 우리를 얼마나 불편하게 하는지. 기본적인 보폭을 조금이라도 고려했다면 그런 간격이 나올 수 없겠는데, 마구잡이로 설치해 놓으니 그 옆으로 돌아가게 되고, 그럼 계단과 나란히 새 길이 생긴다. 산은 훼손되고 여전히 길은 미끄럽다.

중국 황산의 무수한 돌계단은 차근차근 세월과 함께 만들어진 것 같아 보였다. 악산이라 흙의 푸근한 감촉은 느낄 수 없지만 훼손은 막을 수 있게 해 놓았음을 알 수 있었다. 조그만 일이라도 생각하면서 하는 것과 안 하는 것의 차이는 엄청 크다. 편하고 불편하고의 문제가 아니라 그로 인해 파생되는 문제가 어디 한둘인가.

우리 아파트 밑에 언덕길이 있다. 계단의 높낮이가 각각 다르다. 인간의 관절을 시험하는 극기 훈련장 같다. 주위 자투리 밭에 오가는 할머니들은 어떻게 다니는지 걱정스럽다.

배려가 깃든 계단이나 길, 그것이 바로 공든 탑이 아닐까.

집이라는 것

집에 도배를 했다. 사는 집에서 새로 도배를 한다는 건, 그게 얼마나 힘든 일인지 겪어 본 사람들은 누구나 공감할 것이다. 천장이며 벽이 때가 끼여 누르스름한 색으로 변해 집안 전체의 조도에 영향을 끼치는 정도가 되었을 무렵부터 '도배해야 할 텐데.' '도배 새로 해야 하는데.' 하였지만 엄두가 나지 않았다. 이삿짐 싸듯해야 하는 일부터 가구는 어떻게 해야 하나. 살면서 도배를 하지 않은 것도 아니지만 나이 탓인지 일이 겁난다는 말이 무슨 말인지 실감하면서 속으로 궁리만 하는 것이 한두 해가 지났다.

아들아이 결혼을 앞두고도 부실한 체력으로 무리를 하여 혹 결혼식 거행에 지장을 주는 어미가 되지 않을까 하는 노파심이 일어 망설이기도 한 그 거사를 어느 날, 시행하게 된 것이다.

이사하듯 짐을 싸면서 버릴 것부터 내다 버리기 시작하였다. 낡은 비디오 플레이어, 일 년에 몇 번이나 탈까 하는 실내 자전거, 솜이 너무 두터워 이불장에서 저 혼자 잠자는 세월이 몇 년은 되는 이부자리, 체중이 불어난 이후로 입지 못하게 된 값이 꽤 나간 정장들, 세탁소에 다녀온 후 이상해진 피부 색깔로 외출을 못한 무스탕 코트, 그리고 책, 책, 책들. 남편의 활발한 취미활동으로 받은 기념품들, 아이들 쓰던 가방, 신혼시절 서툰 요리를 담아내던 그릇들, 무슨 요리 도구들은 그리도 많이 모였을까, 계란 노른자 분리하는 스푼 같은 쓸데없는 잡동사니가 대형 쓰레기봉투를 몇 개나 채웠다.

살림살이는 집 밖으로 내다 놓았다. 마침 앞집이 이사를 가고 비어 있어서 그 집 앞이며, 계단통로 위아래 쪽에 짐을 쌓아 놓고 도배를 마쳤다. 산뜻하고 환해진 실내를 보며 이젠 간결하게, 짐을 늘리지 않으리라 다짐했다.

그러나 시간이 지난 요즘, 둘러보면 또다시 잡동사니에 파묻혀 지내는 일상이다. 여전히 방방 가득 가구며 책들이 자리를 차지하고 사람은 그 사이로 다니는 꼴이다. 아직 일 년에 몇 번이나 볼까 하는 백과사전 한 질은 책장 맨 위칸에서 금박 이름표를 빛내고 있고, 자개 그릇장은, 별로 쓰이지는 않으나 구입 당시의 가격을 백 삼아

버티는 그릇들을 안고 주방에서 밀려나 거실에 버티고 있다. 거실 탁자 위에는 보던 책이며 신문지가 나른하게 누워있고, 잡지 속의 화보처럼 정리하리라 했던 주방의 보조식탁엔 꿀병이며 마른 미역, 간식 봉지들이 쌓여 있다.

생활이란 것이 이렇게 남루한 짐들로 이어져 가는 것인가 보다. 일상은 이러한 짐들이 있기에 가능한 것일까. 낯설고 간결하다는 것은 일상을 떠난 것이다. 여행이 휴식이라면, 낯섬이 우리에게 그걸 가르쳐주는 셈이다.

아마존의 어느 원시부족처럼 옷을 입지 않고 지낸다면 옷장이, 옷걸이가, 서랍장이, 다리미가 세탁기가 필요치 않을 것이고, 신발장이 필요 없을 것이다. 출가한 수도승이라면, 몇 년 전에 가 본 윤필암의 찻방처럼 사방의 빈 벽, 가운데 찻상 하나 도도한, 그런 생활을 할 수 있을지도 모른다.

살림살이가 부대끼지 않게 자리 잡을 수 있는 넓은 집이 아니라면 우리는 이 잡동사니들로부터 완전한 해방은 하지 못할 것 같다. 인체는 유능하면서도 무능해서 온갖 도구들로부터 도움을 받아야 그나마 인간 꼴을 유지할 수 있지 않나 하는 생각도 든다.

계절에 따라 옷장 정리해야 하고 난방기, 냉방기 번갈아 관리해야 하는 우리는 더 많은 짐들을 필요로 하고 있다. 어차피 짐 늘리기 위해 사는 것이 우리의 생활인지도 모르겠다. 좋고 편리한 물건을 소유하기 위해서 우리는 부지런히 뛰어다닌다. 그러다 더 좋고 더 편리한 물건을 소유하면 그 이전의 것은 짐짝 신세로 밀려나는 것이다. 쓸 때는 유용하지만 쓰이지 않을 때엔 짐이 되고 마는 것이 어디 물건 뿐이던가.

버리고 모으고 하는 것이 세상살이라면 오래되어도 짐이 되지 않을 물건이나 사람이 되는 수밖에 없는데, 짐 안 되는 인간되기가 글쎄, 나이가 들어가면서 이게 더 큰 숙제이다.

장미의 가시

초등학교 5학년 때, 친척 언니의 방에 놓인 소설책을 읽고 난 후, 그동안 읽었던 동화책이 시시하게만 여겨졌다. 학교 건물 2층 복도 맨 끝방에 자리한 도서실은 그 이후로 잘 가지 않게 되었다.

책읽기의 재미를 일깨워 준 그 책은 ≪갈대는 바람에 흔들려도≫이다. 미국 소설가 펄 S.벅 여사의 작품으로 ≪살아있는 갈대≫라고 알려져 있기도 하다.

소설이라는 세계에 눈뜨게 해 준 그 책을 시작으로 닥치는 대로 비교적 많은 소설책을 읽었다.

중학교에 가서는 교과서에 실린 〈사슴〉이란 시에 매료되었다.

— 모가지가 길어서 슬픈 짐승이여 — 어쩌면 몇 자 되지도 않은

글자로 이리도 오묘하게 슬픈 감정을 표현할 수가 있을까. 이 시인을 꼭 한번 뵈어야지 하는 생각을 했다. 후에 노천명이란 사람이 여자이고, 내 태어나기 며칠 전에 돌아가셨다는 사실을 알고 아쉬운 마음이 들기도 했다.

시집을 빌려 읽기도 하고 사기도 하면서 마음에 드는 시는 노트에 내 나름으로 나만의 애독서로 옮겨 적어 한 권에 모아보기도 했다. 길게 말하지 않아도, 풍경화가 되고 마음을 울리는 작은 종소리를 내기도 하는 그 작품들을 볼 때마다 흉내라도 내 볼까 하는 욕심이 슬슬 피어오르기도 했다.

고등학교에 와서 수필을 만나게 되었다. 아니면 그 전에 내가 몰라서 스쳐 지나간 작품이 있었는지도 모른다. 유명한 수필가 앞에서 치기어린 내 작품을 낭독할 기회도 있었다. 인생의 원숙함을 알 40, 50대에 쓰는 글을 벌써 어린 학생이 쓰느냐는 소리에 칭찬인 줄 알고 으스대는 마음이 들기도 하였다.

안톤슈낙의 〈우리를 슬프게 하는 것들〉이란 작품을 교과서에서 보고 수필이란 것이 아무나 쓰는 것이 아니구나 하는 생각에 슬며시 포기도 했다. 그 후 이런 저런 이유로 대학 입학이 좌절되고 하릴없이 세월을 보낼 때였다. 세상의 모든 것이 나를 슬프게 하는 것이라고 생각하고 있을 때, 장승포 바닷가의 조그만 서점에서, 먼지를 둘러쓰고 서가에 꽂혀 있는 그 책을 집어든 순간, 제목만으로도 나를 위로해 주는 것 같았다.

어설픈 흉내를 내다보니 세월이 흘러 그게 내 안에 자리를 잡았나 보다. 어느새 문학의 샘에서 물맛에 익숙해져 이젠 내가 직접 샘물을 길어 올리기도 하는 것이라 할까. 수필을 배운답시고 창작교실에 등록을 하고, 밤새워 써보기도 하는 등, 하다 보니 이런 저런 문학 단체에 관여하고 글 쓰는 이들과도 교류가 있게 되었다.

문학 단체에 가입하니 해마다 작품집이란 걸 내게 되고, 회원인 이상 작품을 내야 할 의무도 생겨 억지로 책상 앞에 앉아 있을 때가 있다. 또 그렇게라도 하지 않으면 이 게으른 사람이 꼬박꼬박 세금 내듯이 써지지 않는다.

제때에 원고를 내지 못하면 편집을 맡고 있는 이는 다그침과 격려로 독촉을 해댄다. 그러면 쫓기는 심정으로 어쩌자고 재주도 없는 내가 이런 걸 시작해서 마음이 이리도 불편한 짓을 할까 하는 생각이 들기도 하는 것이다.

늦은밤, 글은 써지지도 않고 TV 앞에서 리모컨을 툭툭 누르며 철 지난 잡지 들여다보듯 화면을 바꿔보고 있는데, 장윤정의 노래가 흐르는 화면에서 시선이 멈추었다. 그녀가 애절한 목소리로 노래하고 있었다.

스치듯 보낼 사람이 어느새 내게 들어와 장미의 가시로 남아서……

따라가면 만날 수 있나 멀고 먼 세상 끝까지……

피식, 쓴웃음이 나왔다.

4.

현충일과 국밥

〈海印〉(15호)

여름, 순천만

초여름 날씨에 행사장은 햇볕이 무척 따갑다. 단체로 찾은 국제정원박람회장, 시간에 쫓기다 보니 대충 보며 지나치기에 바쁘다. 각 나라의 특색을 나타낸 정원을 찬찬히 감상할 여유가 없다. 약속된 시간에 맞춰 타고 온 버스로 가니 별 관심이 없는 다른 이들은 일찌감치 버스에 돌아와 있었다. 그 다음 코스인 갈대밭으로 갔다.

가을철에 두서너 번 다녀간 곳이다. 황금빛으로 일렁이는 갈대밭 사이로 사람물결에 멀미가 날 지경이었다. 오늘은 제철이 아니어선지 관광객이 드문드문 여유롭고 한가하다. 다리도 쉴 겸 순환열차를 타기로 했다. 열차시간이 정해져 있어 우리 일행의 시간과는 아랑곳하지 않는다. 정원이 다 찼는데 왜 출발하지 않느냐는 성화에도 열

차는 제 시간이 돼야 나타날 것이다. 모처럼 한적함을 만끽하기로 했다. 벤치에 앉아 스치는 바람결을 느껴본다.

푸른 갈대밭이 바람에 일렁인다. 어떤 곳은 푸른 물결이지만 아래 반은 푸르고 위쪽 반은 하얗게 센 갈대가 바람에 몸을 맡기고 있다. 하얗게 센 갈대, 성근 백발이다.

억새나 갈대 등의 식물은 새순이 나서 제구실을 할 때까지 묵은 줄기가 지지대 역할을 한다고 한다. 새끼를 낳아 자립할 때까지 돌보아주는 종족보존의 본능적인 행위를 동물만이 하는 것이 아닌 것 같다.

여린 줄기가 바람에 이리저리 쏠린다. 하얗게 사위어가는 늙은 줄기가 바람막이가 되어주는 풍경을 바라보면서 나는 어느 지점에 와 있는가 하는 생각이 들었다.

아들이 결혼을 앞두고 있는 이즈음, 바람막이 역할을 충실히 하고 있는가. 그러다 문득, 할아버지가 젊은 나이에 돌아가셔서 소년가장이 되어야 했던 친정아버지와 유복자로 태어나 한 삶을 꾸려 가신 시아버지를 생각했다. 그러고 보니 여태까지 절절하게 두 분 아버지의 시린 어깨를 생각해 본 적이 없는 것 같다. 아버지들은 처음부터 아버지인 줄 알고 굳세고 강한 줄 알았다. 그 자리에 서 봐야 그 심정을 아는 것인가. 자식을 낳아봐야 부모 마음을 안다고 하지만 이

나이, 이 시점에 이르러서야 마음에 와 닿는 건 내가 너무 철이 없어서일까.

나름대로 자신의 가정을 꾸린다고 동분서주하는 아이를 지켜보며 부모로써 축복을 기원하는 마음과 애틋한 심정이 교차한다. 내가 결혼할 때 우리 부모님 마음도 이러했을 것이다. 묵은 줄기로서 새롭게 돋아나는 새 줄기를 지켜 봐 주신 아버지, 당신은 거친 세상의 바람을 맞받아내느라 얼마나 가슴이 시렸을까.

조실부모한 처지의 동질감이랄까, 술을 전혀 하지 않는 친정아버지에게 맥주 세 병 놓고 사돈 맺기를 청하셨다던 시아버지. 당신들의 격려와 기원으로 자란 새순이 어느새 하얀 묵은 줄기가 되어 있다.

기다리던 열차가 왔다. 성능이 빈약한 마이크로 가이드의 설명이 뒤 따른다.

"자 오른쪽을 보십시오. 파랗게 펼쳐진 곳은 작년에 갈대를 베어 낸 곳입니다. 아래는 푸르고 위쪽으로 하얀 곳은 작년 갈대가 그대로 있은 것이구요. 저러다가 어느 날 갑자기 사라집니다. 순식간에 푸른 갈대만 남습니다. 사라진 갈대는 새 갈대의 거름이 됩니다."

순식간에 사라진다는 묵은 갈대, 두 분 아버님은 오래전에 돌아가셨다.

작년에 베어 낸 갈대밭의 새 갈대도 싱싱하니 푸르다. 묵은 줄기

없는 푸른 갈대밭에 눈길을 주며 감상에 젖은 마음이 가벼워지는 걸 느낀다. 바람을 더 받는다고 죽지는 않았다. 그렇구나. 바람을 세차게 받아도 굳세게 이겨냈구나.

푸른 갈대밭 위로 유유히 나는 학이 보인다. 파란 하늘에 순천만 특유의 깃털구름이 보인다. 구름 위로 아버지의 모습이 떠오르는 같다.

술은 곧 복이라

상형문자인 한자는 글자 형태가 곧 어원인 경우가 많다. 복福자 중의 전田자 부분이 밭 전田자인 줄 알았다. 밭이 많으면 부자일 것이고 복이 많으리라고. 그러나 그 부분이 술 주酒자라고 한다. 술의 양이 복의 다소를 가늠하는 잣대로 쓰인 모양이다. 요즘도 한 병에 몇 백만 원하는 술도 있으니 부와 복의 척도가 되기도 하겠다.

내가 술을 안 건 결혼을 하고 나서이다. 술을 알았다는 건, 술을 마시기 시작했다는 것도 아니요, 술을 좋아하게 되었다는 것은 더욱 아닌 그저 술이라는 단어를 입에 자주 올리게 되었다는 의미이다. 즉 새 단어를 사전에 등록하듯이 쓰지 않던 어휘가 입에 붙게 되었다는 것이다.

결혼을 하면서부터 여자의 어휘사전에는 새로운 단어가 많이 등록이 된다.

시어머니, 시아버지, '시'라는 접두사를 붙여야 하는 가족의 호칭, 그 외에 살림살이에 따르는 것들….

이 새로운 사전편찬 작업에서 제일 새롭고 지겨운 단어가 있었으니 술이었던 것이다.

친정아버지는 술을 못하셨다. 내가 초등학교 때, 한번 취하신 모습을 본 적이 있다. 친구들 모임에서 한잔하신 걸로 기억되는데 그 이후로 술 취한 모습을 뵌 적이 별로 없는 것 같다. 손님이 오시면 한 잔씩은 해도 커피를 좋아하셨지, 술은 즐겨하진 않으셨다. 나도 술을 한 잔이라도 하면 얼굴이 홍당무가 되고 확확 불이 이는 것 같고 하품이 나고 잠이 온다. 그런 내가 술을 아주 사랑하는 남자와 같이 살게 되었으니 그 괴로움이 오죽하리오.

비 오면 비 온다고 한 잔, 날씨가 좋으면 좋아서 한 잔, 바람 불어서 한 잔, 달빛이 좋아서 한 잔, 이렇게 기상 상태에만 따라서 마시기만 하는 게 아니다. 기분에 따라서도 마셔야 한다. 그 계절에 나는 별미 안주 때문에도 한 잔, 오랜만에 만난 친구와 한 잔, 직장 동료와 한 잔, 선배, 후배, 운동하는 회원들과도 한 잔, 이렇게 날마다 마셔대니 건강이 걱정되지 않을 수 없다. 건강 해친다, 그러지 말아라, 말아라, 하다 보면 잔소리가 되고 언성이 높아지고 결국 싸움으로 이어지기를 수십 번, 아니 수백 번은 족히 되리라.

어느 책에서 본 큰스님의 법문 중에 이런 말씀이 있었다.

"술은 남편이 먹는데 주정은 아내가 한다. 왜 그러느냐 맡겨두어라."

생각해보니 맞는 말씀이라 생각을 고쳐먹기로 하였다.

'술꾼들 사이에선 술도 실력이라 체력이 안 되어 못 마신다면 그도 슬픈 일. 되는 데까지 마셔 보시오.'

부덕이 넘쳐 이렇게 마음을 먹었다면 참으로 갸륵한 아내이겠으나 많은 갈등과 오랜 투쟁 끝에 내려진 결론임에랴.

지역적인 특성상 맛있는 안줏감이 많은 이 고장의 남자들은 대체적으로 마른 명태 두들겨 끓인 북어국은 해장국으로 치지도 않는다. 술 마신 다음 날 아침 새터 복국 집에서 전날의 음주 안부를 물어가며 속풀이를 한다.

그래도 나이는 어쩔 수 없는지, 횟수가 많이 줄었다. 컨디션이 안 좋은 날이거나 다음날 공 차는 계획이 있거나 하면 안 마시는데 나로서는 의아하기도 하고 걱정이 되기도 한다. 얼마 전 감기몸살로 며칠 끙끙대는 걸 보니까 아픈 것보다 한잔하는 게 훨씬 낫겠다 싶은 생각도 들었다.

인간관계 길들이기대로라고 나도 어느새 술에 익숙해졌나 보다. 적당한 취기에, 낭만적인 여행코스를 구상하는 버릇이 있는 남편과 맞장구치다 보면 술 한 모금 안하고 나도 취했나 싶을 때가 있다. 꿀물이라도 상냥하게 갖다 바치면 동해남부선부터 들먹인다. 하얗게 눈 덮인 산하와 겨울 바다를 함께 볼 수 있다는 동해남부선을 달리는 기차여행. 아직 실천은 안 했지만 서둘러 가고 싶지도 않다. 아껴 먹는 맛있는 과자처럼 항상 마음속에만 그리는 환상의 코스 하나를 갖고 있고 싶기도 하니까. 유럽여행이나, 설원을 달리는 러시아 횡단 열차여행까지 이야기는 이어진다. 무슨 꿈인들 못 꾸리오. 한 달에 얼마씩 여행적금을 붓자는 대목쯤 가다가 피식 웃음이 나온다. 이 사람 술 취한 걸 깜박했구나. 얼핏 봐선 별 표시가 안 나 술이 많이 된 걸 알아차리지 못할 때가 있기 때문이다.

복의 가늠으로도 술이 역할을 했다고 하나 음주의 양과 재물의 양은 반드시 비례하지 않는가 보다. 전해지는 이야기로, 중국의 도연명 선생은 돈이 생기면 술집에 일단 갖다 주고 술을 대어놓고 마셨다는데, 그나마 돈이 떨어지면 국화꽃밭에 가서 오도마니 앉아 있었다고 한다. 이보다 한술 더 뜨는 이는 죽림칠현竹林七賢 중의 한 사람, 유영劉伶이라는 이는 하인더러 곡괭이를 메고 뒤따라 다니게 했다고 한다. 왜냐하면 술 먹고 쓰러져 죽으면 그 자리에 파묻어 달라고.

중양절 국화주를 못 마시는 나름대로의 서러움을 국화 향으로 대신한 도연명이나, 장의사를 대동한 결연한 의지(?)의 술꾼이나, 동서고금을 통한 술꾼의 이야기가 어디 끝이 있겠는가. 악마가 시간이 없어서 대신 보낸 것이 술이라는 말도 있던데, 마시고 마셔도 아쉬움이 남는가 보다. 일본의 어느 선승禪僧은 이런 글을 남겼다.

> 내 죽으면 술통 밑에 묻어 주.
> 운이 좋으면 혹시 샐지도 몰라.

시인들

멋진 시나 글을 대하면 잊었던 감성이 눈뜨는 것을 느낀다.

굳이 문학작품이 아니어도 일상에서 우연히 만나게 되는 빛난 언어에 산뜻한 느낌을 받기도 한다. 어느 글에서 작자가 자기 어머니의 표현력에 탄복한 것을 본 적이 있다. 여름날, 고운 모시 한복을 손질 잘해서 입고 가는 사람을 보고 어머니의 감탄사가 "아유, 눈만 흘겨도 찢어질 것 같다."라고 했다는 것이다. 푸새에 다림질을 잘해서 날렵하게 입고 나선 모시옷 자태를 보고서 보통은 '잠자리 날개 같다.'고 하는데 이 어머니는 눈만 살짝 흘겨도 그 섬세한 자태에 흠이 날 것 같다니, 시인이 따로 없다.

친척 중에 오랫동안 건강이 안 좋아 고생하던 이가 있었다. 그래도 사랑하는 사람을 만나 결혼에 이르게 되었는데, 결혼식에 다녀오신 큰아버지는 "간짓대에 반지 발라놓은 것 같더라."고 했다. 바지랑대에 서예연습하던 종이를 발라놓았다는 것이니 병약한 조카의 마른 모습이 안타까워서였다.

명절이나 제사 때, 시댁에 손주들이 모이면 정신이 하나도 없었다. 고만고만한 또래로, 팔남매에서 태어난 아이들이 시끌벅적하게 노는 모습을 보곤 시어머니는 "산 게 잡아 물에 풀어 놓은 것 같다."고 했다. 손주들이 머리통이 굵어져 용돈 얻으러 오는 발길도 뜸해지자 "고목 낭개에는 새도 안 오는구나." 하고 서운함을 내비치기도 하셨다.

어릴 적 겨울 아침, 따뜻한 이부자리를 뒤로하고 마당에서 세수를 해야 하는데 얼마나 가기 싫은지, 꾸물대는 우리의 뒤통수에 어머니의 잔소리가 날아오기 마련이다.

"아이고, 저 봐라 까마귀가 다 얼어 죽었다."

새하얗게 쌓인 눈 위에 얼어 죽은 까만 새 한 마리. 추위를 표현하는 극대비의 색채감, 비장함. 그렇게 얼어 죽을 만큼 멍청한 까마귀가 있으랴만 슬그머니 걱정이 되기도 했다.

생활 속에서 숙성된 사고와 연륜으로 나오는 표현을 대하면, 신출내기 검객이 무림의 고수를 만나 무릎을 꿇는 것처럼, 경험과 연륜에서 나오는 절구는 감탄을 더할 뿐이다.

한없이 펼쳐진 백사장 같은 언어에서 체로 쳐서 얻는 것이 한 편의 시라면, 오래 달인 한약을 삼베수건으로 짜서 얻은 진한 약 한 사발이 수필이라면, 눈 고운 체 하나, 튼튼하고 올 고른 약수건을 지니고 싶은 것은 헛된 욕심인가.

살아가면서 겪는 모든 고통에 감성이 연마가 되어 나오는 빛나는 표현, 연륜에 닦여 만들어지는 것이라면, 세월 흐르는 것에 연연해하지 말고 열심히 노를 저어볼까, 어느 기슭에 닿든.

사람이 통영이다

통영은 통영 사람들이 있어 통영이다.

노란 알루미늄 냄비를 닦고 또 닦아 기어이 은색으로 만드는 여인네들, 부엌 선반에 그 냄비들을 크기별로 쌓아두는 손길이 통영이다.

돈푼깨나 벌었다고 집 사준다는 서방에게 세병관 가리키며 '조 거' 했다는 물색없는 여편네, 관용구로 만들어 한번 웃어주는 사람들이 통영이다.

마루 밑에 장작 줄 맞춰 채워 놓고 마른 메기 포 뜯어가며 겨울밤 긴 이야기로 풀어내는 이웃이 통영이다.

아낙네가 박쥐 문양이 수놓인 누비포대기로 아기를 업고 섬섬이 자태를 돋우는 그 멋이 바로 통영이다. 이런 옛 시절이 지나도 여전한 건 음력 이월이면 바람이 세고, 멸간장 더불어 밥상에 오른 털게를 반기는 곳이 통영이다.

새벽시장 어판장 한 귀퉁이에서 상밥 한 순갈 뜨고 생선의 비늘을 훑어내는 손길이 통영이다.

앞바다 물비늘같이 빛나는 언어를 그물 한 방으로 건어 올리고, 갈매기 울음에 악보를 입혀 사공의 삿대도 노래를 하는 땅. 바다가 심드렁하니 드러누운 날, 그 빛깔 한 바가지 건져 한지 뜨듯 채반에 널어 말리면 빛나는 그림이 되는 곳, 그런 재주를 품고 살아 가슴이 뜨거운 이가 통영이고, 기어이 멧목에 청춘을 묶어 역사를 확인하는 열정을 가진 사내를 키운 곳, 그 사나이로 하여 통영이다.

무엇보다 통영인 것은 조선을 보전하여 대한이 있게 한 뜨겁고 뜨거운 나라사랑의 땅, 그 날을 잊지 않고 곳곳에 사연 따라 이름을 붙인 마을, 그 마을 고샅길에 정이 흐르고 이 나라를 구한 승전의 북소리가 아직도 울리는 곳, 구국의 자부심을 유전자로 전하여 어디서든 당당하고 기센 사람들, 그런 사람을 키워내는 지아비와 지어미.

오늘도 큰 망 꼭대기로 기도의 두 손을 향하는 그들이 통영이다

그 사람들이 있어 통영이다.

현충일과 국밥

올해도 어김없이 유월이 오고 현충일을 맞이했다. 우리가 학교에 다닐 때엔 어김없이 여러 학교 학생들이 한데 모여 기념식을 하곤 했다. 며칠 전부터 입기 시작한 여름교복(반드시 6월1일부터 입었나)차림으로 초여름의 햇살 아래에서, 우리는 조국과 민족을 위하여 하나뿐인 목숨을 바치고, 젊음을 희생한 순국선열과 호국영령들에게 감사를 드리고, 명복을 빌며 국가와 민족에 대해 엄숙히 생각하는 시간을 가졌다.

따가운 햇살 아래에서 각 기관장들의 끝없는 연설에 현기증으로 잠시 쓰러져서, '그래갖고 시집가서 애나 낳겠냐?' 나와 이름이 같은 딸이 있는 담임 선생님의 걱정을 듣기도 했다.

학교를 졸업한 뒤에도 6월 6일 오전 10시, 뚜우~하고 사이렌이 울리면 잠시나마 가슴 뜨거운 애국심, 뭐 그런 거를 생각했다. 그러던 내가 결혼하고 애들 낳고 살면서 현충일의 의미가 또 하나 생겼다.

남편이 초등학교 다닐 때의 추억 한 토막이다. 싸전을 운영한 아버지는 쌀을 떼러 고성장으로 가곤 했다. 고성장은 1일, 6일 장이 선다. 현충일이라 학교엔 가지 않고 친구를 한 명 대동하여 아버지를 따라 고성장에 갔다. 신나게 장 구경을 하고 있는데 사이렌이 울렸다. 그와 동시에 아들은 시장기를 느꼈고 아버지는 국밥집으로 가서 국밥을 한 그릇씩 사 주었다.

그 때는 그랬다. 밖에서 놀다가도 사이렌 소리가 나면 "엄마, 밥 줘." 했다. 국민의 점심시간을 국가에서 친절히 알려주었다. "몇 시나 되었노." 하면서 이웃집 대청마루에 걸린 농짝만 한 시계를 보러 가기도 하던 시절이었다.

하루에 두 번 사이렌이 울었다. 낮 12시, 밤 12시. 한낮의 사이렌은 시간 기준용이었고 얼마 지나지 않아 시행하지 않았지만, 밤중의 사이렌은 한동안까지 계속되었다. 통행금지를 엄숙하고 철저하게 지켜야 하는 시절이 있었다.

국밥을 맛있게 먹고, 쌀을 고르는 아버지 뒤를 졸래졸래 따라다니며 구경을 하고 있는데 또 사이렌이 울렸다. 아까의 사이렌은 '묵념

하시오—.'이고, 지금 부는 것이 '낮 열두 시요오—.' 하는 것이었다. 그래서 어떻게 했을까. 당연히 밥을 먹어야지. 또 국밥을 사주시더라고.

모처럼 아버지를 따라가 맛있는 국밥을 두 그릇이나 먹는 행운에 한껏 행복했을 주근깨투성이의 아들과, 잘 먹는 모습에 방금 사준 점심을 또 사준, 지금은 돌아가시고 안 계신 시아버지의 모습이 그려진다.

남편의 유년 한 페이지를 차지하는 이야기를 전해 듣는 나에게도 온기가 느껴지는 것 같다.

오전 열 시, 사이렌이 울리면, 호국영령과 순국선열과 함께 시아버지께도 추모의 묵념을 올릴 것이다.

가상과 현실의 공간

경북 문경에 있는 드라마 세트장 구경을 다녀왔다. 사극 촬영지로 〈대왕 세종〉, 〈일지매〉 등이 이곳에서 촬영되었다고 한다.

그곳에 가기 전에는, 세트장이란 곳이 영화 촬영을 위해 임시로 만들어 놓았는데 무슨 구경거리가 될까 하는 생각을 했다. 그런데 건물이며 소품들을 보니 그 시대 사람들이 말이나 가마를 타고, 시장에서 흥정을 하고, 곤장을 맞는 정경이 그려지는 것이다. TV 화면에서 보아 온 장면들이 세트장에서 생명을 얻어 연상이 되었다. 가상의 무대가 머릿속의 상상력을 일깨워 무슨 게임을 하는 양, 잡념이 사라지면서 오롯이 그 시대의 인물이 되어 거닐고 있는 것 같은 생각이 들었다.

요사이 각 지자체에서 관광 상품 개발에 각종 아이디어를 내어 사람들을 불러들이고 있다. 곡성에는 근대의 시가지를 꾸며 놓았다. 시간과 함께 사라진 사진관이며 미장원과 상점, 극장이 기억 속에서 걸어 나와 있는 것 같았다. 사극과 달리 우리가 살아왔던 시간이 머물러 있었다. 도시락 김치물이 배인 교과서 귀퉁이처럼 아련한 추억을 되살려주었다.

겪어보지 않았거나 겪어 본 시대를 현실로 만들어 추억하고 그리는 것에서 한 걸음 나아가 가상의 세계를 현실로 만들어 놓기도 한다. 셰익스피어의 〈로미오와 줄리엣〉의 '줄리엣의 집'에 관광객이 넘쳐난다는 기사를 본 기억이 있다. 이탈리아 베로나에 가면 '줄리엣의 집'이 있고 사람들은 그 곳에서 줄리엣을 만나는 것 같은 상상을 한다는데, 기사 말미에 기실 그 집은 줄리엣과는 아무 상관이 없으며 베로나 시에서 정해놓은 집일 뿐이라는 글도 덧붙여져 있었다. 줄리엣이라는 인물이 셰익스피어가 만들어 놓은 가상의 인물일진데 그가 현실에 존재한 공간이 있을 리가 없지 않은가. 그렇지만 사람들은, 어릴 때의 소꿉놀이에서 '너는 엄마, 나는 아빠.' 하듯이 시치미 뚝 떼고 '아하, 이곳이 사랑스런 그녀가 살던 집이구나.' 하면서 둘러보는 것이다.

드라마 세트장으로 또 유명한 곳이 하동의 〈최참판댁〉이다. 박경리의 대하소설 ≪토지≫를 드라마로 제작하기 위해 조성된 마을이라고 한다. 마을을 보면 처음에는 '아하! 여기에서 촬영을 했구나.' 하다가 시간이 흐르자 처음부터 소설 속의 인물들이 그곳에서 살아온 것처럼 상상하기에 이르렀다. 그러다 상상이 너무 발전한 나머지 "소설 집필전이나 집필 중에 한 번도 하동 악양에 가보지 않았다."라는 박경리 선생의 생전 말씀이 있었음에도 '선생께서 따님과 함께 이곳을 둘러보시고 이 장소로 정했다.'는 웃지 못할 이야기가 들리기도 한다.

상상 속의 그림이 현실화 되는 드라마 세트장과는 반대로 현실로 살다 가신 유명인들의 생가를 구경할 때의 느낌은 사뭇 다르다. 우리 마음대로 상상할 수는 없다. 짐작으로 그랬겠구나, 하고 구경을 하게 된다.

특히 문인들의 생가라고 복원해 놓은 곳에 가서 보면 공식화 되어 있는 느낌이다. 이건 아닌데 하는 생각이 드는 건 나의 편견 때문일까. 비슷한 소품이며 정형화된 전시품이 가상의 공간보다 더 허전하다.

가상의 공간과 달리 현실을 재현하는 공간은 더욱 엄격한 고증이 필요한 것 같다.

톤레샵의 아이들

내리쬐는 햇볕도 정답게 느껴지는 캄보디아, 세계에서도 그 크기로 손꼽히는 톤레샵 호수는 아득한 수평선을 펼치며 황톳빛으로 출렁거리고 있었다.

태국행 여객선이 여섯 시간에 걸쳐 항해한다는 너르고 너른 호숫가에는 군데군데 수상가옥이 마을을 이루고 있었다. 살림집은 물론이고 관공서, 학교, 심지어 아이들이 놀 수 있는 운동장까지 호수 위에 떠 있었다. 이곳에서 자라 어른이 되어 육지에서 생활하려 해도 '육지멀미'를 해서 다시 이 수상마을로 돌아오는 경우가 많다고 한다. 우리가 예사로 생각하는 육지가 이들에게는 우리의 '뱃멀미'처럼 출렁거림으로 느껴진다니 인간의 적응력이 어떤 기준일까 하는 생각이 들었다.

관광객을 실은 배가 쉴 새 없이 오가는 한켠으로 그물을 당겨 고기를 잡는 어부도 보이고, 벌거숭이 꼬마 몇이서 물속에 고개를 넣었다 내밀었다 하며 눈부신 햇살 아래에서 더 눈부신 웃음을 터트리는 장면도 보였다.

우리가 목적지로 정한 호숫가 마을에 가기 위해 탄 배엔 배를 운전하는 17~18세 되어 보이는 소년과 그의 동생이 타고 있었다. 동생은 눈치껏 우리 일행의 어깨를 주물러 주기 시작했다. 고사리 같은 손으로 어깨를 토닥토닥 두들기는 양이 기특해서 천 원짜리 한 장을 쥐어주면, 미소와 함께 받고는 다음 사람에게로 가 또 어깨 마사지를 하는 것이다. 순식간에 적잖은 돈이 손에 쥐어졌다. 우리나라 돈 4000원이면 한 달 생활비가 된다는 이곳에서 고소득임에 분명하다. 우리가 타고 가는 배 곁으로 고무신짝만 한 배에 엄마와 아이 둘이 탄 배가 빠르게 따라온다. 그중 한 여자애가 커다란 뱀을 목에 두르고 있다. 모터가 달린 배인데 가이드의 설명에 의하면, 그 배 정도를 가지고 있은 건 여기 형편에서 보면 좀 살 만하다는 거란다. 비유하자면 그랜저를 타고 구걸하러 다니는 모양새라는데 눈빛은 애잔하기 그지없다. 베트남 난민이란다. 원래 캄보디아와 베트남 양국의 국민감정은 우리나라와 일본처럼 그런

점이 많지만 이곳에서는 서로의 형편을 헤아려, 도와가며 살아가고 있다고 한다.

호숫가 마을에 도착하니 옅은 갈색 피부에 곱슬머리가 대부분인 아이들이 호기심이 가득한 표정으로 달려온다. 대부분 맨발이다. 아직 학교에 다니지 않는 꼬맹이들이 졸졸 우리 일행을 따라왔다. 그들에게 주려고 마련해 간 선물 꾸러미 때문이었을까. 아이들에게 직접 주면 큰 애에게 뺏기기도 하고 교육적인 면도 고려해서 집집에 하나씩 나누어 주기로 했다. 생활 형편이 수상가옥 마을보다 못하다는데 부엌에 걸린 냄비 숫자를 보면 경제 사정을 알 수 있다고 한다. 알루미늄 냄비가 하얗게 닦여 부엌 벽에 나란히 걸린 것을 보며 우리 어린 시절이 떠올랐다.

우리의 어머니들도 요리하는 시간에 버금가게 냄비 닦는 데에 정성을 들였다. 소중한 먹을거리를 만들어내는 도구여서일까, 살강에 크기별로 쌓아두고 냄비의 반짝임이 그 집 주부의 살림솜씨를 재는 잣대이기도 했다.

차례대로 지나가며 한 집에 하나씩 옷가지며 학용품이 든 봉지를 나누어 주고 있는데, 예닐곱 살 여자아이가 달려오더니 비닐봉지를 와락 잡아당겼다, 순간 미안한 마음이 일었다. 섣부르게 이 아이에게 혹 상처나 되지 않을까 하는 생각이 들었기 때문이다. 저만치서 할머니인 듯, 여인이 아이를 불렀다. 말을 알아듣진 못하지만 나무라는 것 같았다. 할머니에게 봉지를 건넸다. 순간 지난 시절이 떠올랐다.

우리가 저 나이만 하던 시절, 봄이면 봉래극장 앞에 칡뿌리를 가져다 파는 사람들이 있었다. 오 원어치나 십 원어치를 낫으로 베어서 팔았다. 가루 칡이면 씹을수록 부드럽고 달콤했고, 나무 칡이면 억세고 이빨만 아팠다.

하루는, 낡은 사과궤짝 위로 칡넝쿨을 올려놓고 앉아 있는 아주머니를 백인남자가 커다란 카메라로 사진을 마구 찍어갔다.

"아주머이, 출세했네. 사진도 찍히고."

햇볕에 그을리고 기미가 까맣게 앉은 얼굴로, 싫지 않은 듯 웃던 모습이 왜 생각났던 것일까.

마을을 떠나기 전 우리 뒤를 따라다니던 꼬맹이들의 환송을 받았다. 아이들은 해맑게 웃고 있었다. 우리가 칡 먹으며 놀던 때의 눈망울이 저 아이들의 눈빛과 같았으리라.

셔틀버스를 탔다. 버스가 가지 못하고 잠시 지체를 해서 밖을 내다보니 긴 행렬이 지나간다. 장례행렬이라고 하는데 교복 입은 아이들이 줄을 지어 따라가는 것이 의아스럽다. 이곳 사람들은 장례행렬에 참가하는 인원수로 집안의 가세를 자랑하는데 학생들을 돈을 주고 동원시키는 경우도 있다고 한다. 콧등에 땀이 송글송글 맺힌 채 장례행렬을 지어가는 유순한 눈빛의 아이들을 뒤로하고 우리는 그 마을을 떠났다.

유년의 장면, 장면이 오버랩되며 따라오고 있었다.

커피 한 국자

어느 해 여름, 세 집 가족이 함께 일정을 잡아 휴가를 떠났다.

피아골에서 하룻밤 묵고 아침 일찍 텐트를 챙겨 용추사 입구에 다다랐다. 계곡은 벌써 피서객으로 만원이라 차량출입이 통제되고 있었다.

오전인데도 훅훅 더운 김이 올라오고, 차 문을 열면 열기에 숨이 턱 막혔다. 그날의 계획을 수정하려고 그늘을 찾다가 좀 일러도 우선 점심부터 먹자 하고 길 가 식당으로 들어갔다. 온갖 메뉴가 간판이며 출입문에 도배가 된 집이다. 시간이 이르긴 하지만 손님은 보이지 않고 아주머니가 부채를 들고 선풍기 앞에 앉아 있었다. 선풍기 바람을 우리 쪽으로 돌려주며 음식주문을 받는데 아차, 싶다. 음식 맛은 고사하고 위생부터가 걱정이 될 지경이다.

김치찌개를 시켜 대강 먹고는 일어서려는데 아주머니가 커피 한 잔씩 하고 가란다. 일행은 굳이 서두를 것도 없어 그러자고 했다.

오래된 전기밥솥 내 솥에 커피가루를 한 대접 붓더니 물을 넣어 휘이 젓는다. 그러다 설탕을 한 국자씩 넣어가며 단맛을 맞추는데 꼭 미숫가루를 타는 모습이다. 의아해서 쳐다보았다. 그러자 자랑스레 "이거 원두커피입니더." 한다. 원두커피라니!

국자가 그릇 바닥에서 커피가루와 실갱이하듯 싸그락거린다. 땀방울을 훔쳐가며 저어대지만 쉬이 풀리지 않는 모양이다. 냉장고에서 얼음을 꺼내 넣고는 다시 훼훼 저어 스테인리스 밥그릇에 한 잔씩 떠 준다. 열심히 저어서인지 커피가루 알갱이는 얼추 바닥에 가라앉고 나머지는 국자를 따라와 스텐 공기에 동동 떠 있었다. 커피 색깔만 띤 묘한 맛이다. 굳이 이름 짓자면 '커피색 설탕물'이다. 으– 하고 인상이 절로 찌푸려지는 찰나, 눈이 마주쳤다.

"한 잔 더 드릴까예?"

그 눈은 친절하면서도 조심스러웠다. 마치 할머니가 입맛 까다로운 손자에게 뭔가 해먹이면서 투정 나올까 싶어 걱정하는 그런 눈빛이라고 할까. 맛은 희한했지만 불쑥 이렇게 말이 나왔다.

"아이고, 시원하니 좋은데요. 한 잔 더 주세요."

요새도 이런 사람이 있구나. 중학교 때 친구의 이야기가 생각났다. 월남 전 참전용사인 오빠가 귀국하면서 가져온 선물 중에 커피가 있었다. 그것을 대접에 한 사발 풀어서 마시려니 시커먼 게 쓰기는 왜 그리도 쓴지. 선물이라고 뭐 이런 것을 가져왔을까 하고 투덜대면서 신화당을 타서 간 맞춰가며 마셨다고 했다. 그때는 호랑이 담배 피우던 시절이라고 치고 요사이도 이렇게 커피를 타는 사람이 있을 줄이야.

한눈에도 세파에 찌든 듯, 거친 피부 하며 쉰 목소리, 아무렇게나 틀어올려 머리핀 사이로 흘러내리는 머리카락이 고단한 삶의 이력을 말해 주는데, 냉커피를 한 잔씩 잘 먹였다고 뿌듯해 하는 표정을 보면서 식당을 나왔다.

그날 우리가 마신 것은 엉터리 커피가 아니었다. 신산한 삶에도 결코 훼손되지 않은 맑은 심성의 샘물이었음이니.

왕비의 어금니

백제의 역사를 알 수 있는 국립공주박물관이다. 박물관에 처음 들어설 때의 느낌은 어디든 비슷하다. 조용하고 서늘한 분위기, 박제된 역사가 머무는 공간, 시간도 전시품인 양 정지된 듯하다.

누군가의 사랑을 받고 손때가 묻은, 또 누군가 만들고 가졌던 물건들이 주인은 흔적도 없이 사라진, 이 지구상에 남아서 제 존재를 드러내 보이고 있다. 그것을 보면서 우리네 아버지의 아버지들이, 어머니의 어머니들이 어떻게 삶을 이어왔는지 알게 된다. 끈을 확인하는 것이다. 각각의 생활이 이어진 끈, 그것이 전설이 되고 역사가 되어 유리 너머에서 우리에게 가르침을 주고 있는 것 같다.

의복이나 생활 집기를 보면서 옛 생활을 유추해 본다. 미래에는 현재의 우리 생활이 진열장 속의 전시물처럼 호기심어린 눈빛을 받을 때가 있으리라. 그날도 어디서나 비슷한 전시물을 그런 느낌으로 관람을 하고 있었다. 백제의 역사를 알 수 있는 국립공주박물관이다. 무령왕릉에서 발굴된 많은 물품들이 백제의 화려한 문화를 알려주고 있었다.

일천한 역사 지식으로 백제와 신라의 문화를 비교하는 것은 어불성설이지만, 다른 점이 많구나 하는 생각을 하며 눈 스침으로 대충 지나가고 있는 중이었다. 조그마한 유리 상자 안에서 푸르스름한 조명에 희게 반짝이는 것이 눈에 띄었다. 진주인가? 아래에 부착된 명패를 보니 '왕비의 어금니'이다. 사람의 치아가 그 오랜 시간을 견디어 이렇게 빛나고 있는가. 코끼리의 어금니는 상아라 하여 각종 장신구나 공예의 재료로 쓰이기에 무분별한 사냥의 표적이 되기도 하는데, 저 이빨의 주인공은 혹 생전에 정적이나 연적의 표독스런 질투의 표적이 된 적은 없었을까. 그 이빨을 거쳤을 수많은 음식과 언어와 웃음, 걱정과 한숨이 새어나올 때도 있고, 지그시 깨물며 새로운 각오를 다질 때도 있었으리라. 그 시대 최고의 교양과 최고급 음식으로 남다른 호사를 누렸을 왕비의 어금니, 삭아서 자연으로 돌아가는 순리를 포박당하고 유리 진열장 속에서 하얗게 빛나는 옛 여인의 치아 하나.

역사는 종이에 기록되어 전하지만 저 어금니 하나는 못다 기록한 역사를 말해 주는 듯하다. 여인은 자신의 이빨 하나가 역사물이 되어, 후세들이 그 앞에서 많은 생각을 하며 서 있으리라고 상상도 못했을 것이다.

별다른 존재감을 보이는 그 앞에서, 어금니는 아니지만 지붕에 던지며 까치에게 상납(?)한, 어린 시절의 젖니를 갈 때의 추억이 스쳐간다. 특별한 것은 역사가 되고 흔한 것은 일상이 되나 보다. 대대로 이어지는 세월이 강물같이 흐르고, 그 물결 위를 잠시 머무는 삶이란 것을 되돌아보게 하는 박물관을 한바퀴 돌아 나왔다.

오늘이라는 현재의 햇살이 따갑게 빛난다. 고개를 돌리니 이 순간이 과거의 문턱으로 들어서고 있다.

보리피리 소리

청보리 축제가 한창인 전라북도 고창이다. 이제 식용보다는 관광상품이 되어, 너른 들에서 푸른 물결을 일렁이며 몰려든 사람들에게 품을 내어주고 있다. 노래의 한 구절처럼 보리밭 사잇길을 걸어본다. 연초록의 보리는 연한 가시를 꼭지마다 매달고 햇살에 알갱이를 여물리고 사람들은 그 길 사이를 따라 걸으며 꽃구경을 하듯 사진을 찍기도 한다.

바닷가 소도시에서 나고 자라서 보리밭을 볼 기회가 별로 없었다. 보리라고 하면 어린 날에는 어머니가 밥을 할 때, 쌀 아래 까는 곡식이었다. 보리 비율이 상당부분을 차지하는 밥은, 위쌀 부분은 아버지, 남동생의 우선순위로 밥그릇에 담기고, 나머지 식구들은 어머니의 현란한 주걱돌리기의 내공으로 보리와 쌀이 어우러지는 밥을 먹었다.

학교에 갔다 와 배가 출출할 때, 고구마 소쿠리가 비어 있으면 찬장 문을 열어 본다. 거기에도 별 군것질거리가 없을 때에는 정짓문 앞 기둥에 걸려 있는 보리쌀 소쿠리에 눈길이 간다. 소쿠리를 내리기 위해 물 항아리 두는 단 위로 올라가 깨금발로 도전을 하지만 쉬운 일이 아니었다.

여름철에는 보리를 볶아 미숫가루를 만들기도 했다. 마당 한가운데 드럼통을 잘라 만든 화덕에 솥뚜껑을 뒤집어 얹어놓고 보리를 볶아 맷돌을 돌려 미숫가루를 만들기도 하였다. 그냥 볶은 보리를 호주머니에 넣어 다니며 먹는 것도 좋았다. 그리고 보리는 한때, 도시락의 필수품이었다. '복돌이네 집에서 아침을 먹네… 꽁당보리밥' 운운하는 노래와 함께 점심시간이면 도시락 뚜껑을 열어 검사를 받곤 했다.

밭에서 바람결을 타고 일렁이는 보리 싹을 보니까 곡식도 이렇게 꽃처럼 이쁠 때가 있구나 싶다. 사람의 생명을 부지해주는 곡식의 임무를 다하기 전, 세상물정을 모르는 어린 시절의 인간들처럼, 그도 한 생물의 본연의 모습에선 나름대로 자신을 즐기고 있는 듯하다.

사람들이 보리 줄기를 꺾어 뿌뿌 소리를 낸다. 보리피리 소리이다. 보리피리 소리도 소리보다는 시 제목으로 먼저 만났으니, 직접 듣는 소리는 상상만큼 그렇게 멋지진 않다. 보리피리 소리를 대금산조나 아쟁의 음률을 상상하고 있었는지도 모르겠다.

한하운이라는 시인의 글에서 보면 보리밭은 슬픔이다. 세로로 인쇄된 옛 서체의 시집에서 〈보리피리〉를 읽고 그 시의 뒷이야기를 알았을 때, 가슴이 먹먹하였다. 가도 가도 끝없이 이어지는 붉은 황톳길에서 천형의 굴레를 십자가로 지고 생을 다시 추스르며 부르는 노래, 한센병을 얻어 사회에서 버림받고 요양지인 소록도를 향해 가면서 시인이 느낀 절망감과 비애를 누가 가늠할 수 있을까. 시인은 보리피리 한 줄기에 고향을 그리고, 어린 시절 뛰놀던 청산을 그리고, 인간사를 그리워한다.

보리밭은 끝없이 펼쳐져 있고, 맑은 하늘 아래에서 햇살과 바람에 자라는 푸른 이삭을 보면서 배고픔과 애달픔을 벗어난 관광지가 된 보리밭은 느낌이 또 다르다. 행사장 한쪽에선 지역특산물을 전시판매하는 부스가 설치되어 있다.

사람들이 몰려있어 고개를 디밀었다. 한 노인이 검정콩과 땅콩을 볶아 지퍼백에 넣어 팔고 있다. 밭두렁에서 익어가는 보리를 보며 새참에 막걸리 한 사발 들이켜던 호기로운 젊은 나날은 가고, 노인은 손수 농사를 지은 것이라며 국산임을 강조하고 있다.

천하지대본이라던 농사가 그것도 '밥심'의 근본인 곡식농사마저 관광 상품화되어버린 경제논리가 조금 씁쓸하다.

추억을 차린 저녁식사

객지에 사는 친구 몇이서 고향에 놀러 왔다. 콘도에 짐을 풀었다기에 고향지킴이들이 만나러 갔다. 우리가 준비한 음식을 내놓을 것도 없이 고향 음식이 한상 가득 차려져 있다.

남편들에게 외박한다고 큰소리 치고 와서는 고향의 시장에서 장을 보아 누구를 위한 밥상이 아닌 추억을 차려 놓았다. 전에 같으면 친정이라고 어리광부리며 고향 입맛을 청할 수 있었지만, 어머니들이 연로하시어 돌아가신 분도 계시고 기력이 예전 같지가 않다.

기억의 지도에 따라 시장골목을 누비고, 유년의 입맛을 기억해가며 어머니의 손맛을 되새겨 놓은 밥상이다. 하룻밤 묵을 짐에 압력솥을 가져 와서 빼때기죽을 고아 놓고, 도다리 넣은 미역국, 방풍나

물은 데쳐 쌈장을 곁들이고, 물미역은 씻어 초고추장과 짝을 지워놓고, 풋마늘 살짝 쪄서 고추장에 무쳐 놓았다.

추억의 입맛을 따라 국을 끓이고 나물을 무쳐 와자하게 웃고 떠들며 밥을 먹는 저녁, 고향사투리 질편하게 깔아놓은 밤공기에 옛이야기가 안개처럼 내려앉아 우리를 정감으로 에워싼다.

눈가 주름이나 불어난 뱃살은 짐짓 모르는 채 눈 감아 주고, 학창시절 이야기로 꽃이 피었다. 연애사건을 들먹여가며 '기억력도 좋다.', '그래 너 공부를 잘했었지.' 나이 들어 후해진 말인심이다. 이야기는 해도해도 끝이 나지 않는다.

국 끓인 친구는 앞치마 두른 채로 소파에 기대어 있고 요리에 참여하지 않은 친구는 '자수하여 광명 찾자.'며 설거지를 한다.

그 와중에 덥다고 베란다 문을 열어 놓아라, 아니 밤공기가 쌀쌀하다 감기 들라 문 닫아라 승강이가 인다. 왜 갑자기 얼굴이 확확 달아오를까. 얼굴에 바람 일으킬 만한 종이라도 있으면 부쳐대기 바쁘다.

"아, 참 약 먹을 시간이야."

가방을 뒤적여 알약을 손바닥에 놓고 두 친구 서로 마주보며

"어머, 우리 약이 똑같아." 한다.

우리 갱년기야, 우리 다 갱년기야. 지금도 다달이 숙제하는 사람

손 들어 보아라. 호르몬제의 부작용을 언급하며 먹니, 안 먹니로 한바탕 왁자해진다. 알약을 손에 든 두 친구는 한쪽으로 가서 호르몬제를 먹어야 하는 당위성에 대해 다짐하듯 토론을 한다.

그 와중에도 교회 권사 임직을 받을 거라고 공부해야 된다며 방으로 들어가는 이, 내일이 음력 보름이라며 "절에 들러라, 점심공양 책임지마." 하는 이도 있다.

얼굴의 열기를 식히러 베란다로 들락거리며, 갈래머리 여고 시절을 이야기하는 여인들. 밑줄 쳐 가며 시를 외우고, 필수아미노산 10가지, 양식 먹을 때의 포크와 나이프의 위치를 외웠었다.(레스토랑에서 양식을 한 번 먹으면 해결될 일을).

코사인이며 탄젠트를 값을 쳐서 용돈을 받아내기 했었지. 교복 셔츠 주름을 예쁘게 잡기 위해 허리 사이즈와 교복 넓이의 비례를 계산하고, 치맛단을 얼마나 올려야 다리가 길어 보일까 고심하던 시간들이 저편 세월로 흘러가 버렸다.

낮에 바닷가에서 뜯어와 베란다에 널어 둔 미역줄기나 우뭇가사리가 밤바람에 마르듯, 우리의 피부도 생기를 잃어가고, 머리칼은 염색하지 않으면 영락없는 파뿌리이다.

인생의 여행에서 성장기의 열차 칸을 같이한 인연으로, 지나온 공간과 시간을 되새김질하며 둘러앉은 우리들. 살아온 이력이 말하지 않아도 얼굴에 새겨져 있다.

기나긴 세월 동안 걸어온 길, 너나 없이 굽이굽이 고비가 있었을 것이다. 나름대로 슬기롭게 헤쳐 나와서 이 자리에 모였구나.

책임은 막중하고 쓸쓸한 이름, 중년의 여인들이여! 오늘 이 마음처럼 예쁘게 익어가자. 늙음의 레일도 같이 달려서 훗날 좋은 성적의 인생 졸업장을 받자. 친구야.

꼬마 보디가드

겨울이라 해가 빨리 졌다. 새로 이사한 아파트는 야산을 깎아 택지조성을 한 곳에 있기에, 주변 시설이 아직 다듬어지지 않아 가로등이 설치되지 않았다.

퇴근시간이 여섯 시라 해도 마무리하다 보면 일곱 시 가까이 되기 일쑤이다. 그럼 주위가 깜깜해진다. 어려서부터 해가 지면 바깥출입을 삼갈 정도로 어둠에 대한 공포가 남달랐던 나는, 어둔 길을 걸어 집에 가기가 꿈만 같았다. 아파트 정문으로 가면 되지만 걸어가기에 마땅찮은 차도에다 거리도 만만치 않다. 그렇다고 택시를 이용하려면 기사는 힐끗, 이 정도 거리를? 하는 표정이다. 한시라도 빨리 집으로 가, 저녁을 해야 하는 주부로서 샛길은 무섬증만 없으면 그만

인 거리인데, 지나다니기 으슥한 그 길이 은근한 고민거리였다. 주머니에 두 손을 꾹 찌르고 종종걸음으로 뛰다시피 해서 집에 도착하고 보면, 등은 땀으로 끈끈하고 목덜미가 뻣뻣할 지경이었다.

그러던 어느 날, 아파트 단지 옆 단독주택에 사는 석이에게 물었다.

"석아, 너 집에 갈 때 무섭지 않니?"

"아니요. 왜요?"

"으응, 선생님은 쬐끔 무섭더라."

일곱 살짜리 꼬마와 진지한 고민 상담을 한 셈이랄까. 곱슬머리에 두 눈은 항상 장난기 가득한 웃음을 머금은 아이였다. 납작한 코에 콧물을 늘 달고 다녀도, 퇴근하려고 신발을 꺼내다 보면 교사들 신발에 커피 껌을 하나씩 넣어둔다든지, 아침 등원 길에 네 잎 클로버를 찾아 손에 잡혀주는 멋진 녀석이다.

그날 저녁, 예삿날처럼 퇴근하려고 나오는데 현관 입구에 석이가 있는 게 아닌가.

"선생님. 같이 가요."

"아니, 너 아까 집에 안 갔니?"

"선생님이 무섭다 해서요. 데리러 왔지요."

저보다 더 큰 아들을 두고 있는 나를 어둔 밤길에 보호한다고 다시 샛길을 넘어 왔단 말인가. 이혼한 엄마는 일 다니느라 바쁘고 외할머니의 손에 자라는 아이는 철이 또래보다 일찍 든 것 같았다. 그래서 더욱 안쓰러운 녀석이 어른 걱정을 해주고 있으니. 어린이집 앞 가게에서 과자를 하나 사서 손에 들리고 둘이 손을 잡고 어둑한 길을 걸어 집으로 왔다. 그러기를 며칠째, 어느 날은 아침부터 우리 집으로 오기도 했다. 사명감에 불타는 경호원은 출근길도 책임지겠노라 나선 것이다. 출근 준비로 정신없이 바쁜 사정을 알 리 없는 꼬마 손님은 '선생님을 내가 아니면 누가 지키랴.' 하는 결의에 찬 표정을 하고 거실 소파에 떠억 하니 앉아 있곤 했다. 며칠을 그러다가 고객의 간곡한 사양(?)으로 녀석의 경호 업무는 끝이 났다.

석이가 어린이집을 졸업한 지 서너 해 지났을 때, 아파트 같은 동에 살게 되었다. "선생님, 우리도 이 아파트 살아요. 이사 왔어요."하고 반가운 입주신고를 했다. 하루는 지나가면서 보니 저보다 조금 더 큰 애들에게 맞고 있었다. 다가가서 녀석들을 혼을 내주었다. 울고 있다가 눈물콧물 닦아내며 나를 쳐다보는 아이. 반가움에 씨익 웃는다. 달래어 집으로 보내며 아이의 등 뒤에 나의 기원을 실어본다. 이 세상을 더욱 온기溫氣 있게 하는 훌륭한 사람이 되기를.

아랫집 윗집

아파트 관리인의 말에 의하면 아래층 안방 쪽 화장실에 문제가 생겼다고 한다. 화장실 천정에 곰팡이가 잔뜩 슬어 있다는 것이다. 무슨 일인가 하고 관리실 직원과 아랫집으로 가보았다. 할머니는 예의 흥분된 표정으로 체머리를 흔들며 상황을 설명한다. 영감님 돌아가시고는 안방 화장실은 쓰지 않는다는 것, 창고 삼아 쓰는 공간인데 오랜만에 문을 열어 본즉, 쌓아둔 휴지가 젖고 천정에는 곰팡이가 퍼져 있다는 것이다. 우리 집과 달리 그 집은 중간에 보수공사를 했는지 천정에 실크벽지로 도배가 되어있다. 지은 지 20여 년이 다 되어가는 아파트인지라 더러 욕실 보수공사를 하는 세대가 많다. 어느 때인가 종일 드르륵거리는 진동이 아파트를 울린 적이 있었는데 여기 수리를 한다고 그랬나 하는 생각이 잠시 스쳤다. 우리 집에선 욕실 수리를 한 적도 없고 애들이 객지생활을 하면서 부터 두 식구 사는 집이라 우리도 이 욕실을 그렇게 많이 사용하지는 않는다.

아랫집 윗집 살면서 전에는 내왕도 했지만 그동안 사이가 뜨악한 터이다. 이유인즉, 영감님의 귀가 어두운 지 온 아파트가 떠나가라 하고 TV 볼륨을 올려놓아, 우리 집 TV를 켜지 않아도 아홉 시 뉴스 내용을 알 수 있는 정도는 그러려니 하고 지냈다. 또 숯불구이를 한다고 착화탄을 피워대는 통에, 위층 우리 집으로 연탄가스 냄새가 꽉 차도 투덜대는 것으로 지나가기도 했다.

문제는 강아지를 두 마리 키우는데 계단에 바람만 세게 닿아도 짖어대는 것이다. 아침이나 낮이나 저녁이나, 그것도 나이 든 부부가 적적해서 키우는 것이려니 했다. 제일 괴로운 것은 그들이 밤낚시를 가는 날이었다. 강아지들만 두고 밤새 집을 비우면 짖어대는 것은 물론, 문을 긁어대는데 자려고 누우면 소리는 더욱 또렷해진다. 컹컹하고 짖다가 처량한 소리로 울어대니 안쓰러운 마음도 들었다. 경비실에 말하면 다른 집에서도 민원이 들어오나 해결이 안 된다는 것이다. 한번은 괴로운 나머지 직접 할머니께 말씀을 드렸지만 서로 마음만 상하고 말았다. 여전히 강아지들의 듀엣아리아가 계속되더니, 할아버지가 돌아가시고 난 후 밤낚시를 가지 않아서인지 잠잠하던 터였다.

위아래층으로 사는데 이런 문제로 거리가 생겨 서먹한 사이로 지내는 차에, 이번에는 우리 집에서 물이 새어 아랫집에 곰팡이가 피었다니 곤란하기 이를 데 없다. 관리실에서 어떻게 해주는 문제가 아니라며 직원은 꽁무니를 뺀다. 아파트 관리비에 조목조목 부과되는 항목이 잠시 떠올랐으나 승강이를 해봐야 내 입만 아플 터, 설비기사를 불렀다. 할머니도 퀴퀴한 냄새는 시간 지나면 날아가겠지 하고 의외로 상냥하다.

세상사가 이렇다. 남에게 피해를 받기도 하고 나도 모르게 남에게 피해를 주기도 하는 것이다. 내 눈 앞에서 경쾌하게 빠진 물이 어느 틈으로 새어 남의 집 천장에 곰팡이로 피어 있을 줄이야.

그 집 개들의 신음 섞인 아리아로 인해, 내 안에 핀 불면의 곰팡이는 시간이 지나 퇴색된 지 오래.

며칠 뒤, 엘리베이터에서 만난 할머니가 밀가루 한 봉지를 장바구니에서 꺼내어 불쑥 내민다. 의아하면서도 묘하게 친밀감이 돈다.

할머니가 내리고 우리 층으로 오르는 잠깐 사이 엘리베이터 안 거울속의 나와 눈이 마주쳤다. 슬며시 나오는 웃음을 베어 물고 있었다.

그림 한 장

저녁식사 준비로 한창인 시각, 초인종이 울린다. 현관문을 여니 윗집에 사는 어린 여자아이가 엄마랑 서 있다. 차렷 자세로 두 손에 그림 한 장을 펼쳐들고 있다가 내게 내민다. 도화지에 그린 그림이다. 색색의 연필로 사람을 세 명 그리고 남은 공간에다는 비뚤배뚤, "할머니 할아버지 쿵쾅쿵쾅거려도 괜찮다고 해주셔서 감사합니다 사랑해요." 하곤 자기 이름도 써 놓았다. 귀여운 편지를 받고 함빡 웃음이 나왔다. 곁에 선 엄마는 봉지 하나를 내민다. 밑반찬이 서너 가지 든 것이다.

이사 온 지 얼마 되지도 않았고, 뛴다고 뭐라 말을 한 적도 없다. 어쩌다 엘리베이터에서 만나 인사를 나누는 정도이고, 여자아이라

심하게 뛰는 것도 아닌데, 젊은 부부는 괜찮다는 말에도 마음이 안 놓였는가 보다. 마침 우리 반찬으로 준비하던 멍게를 덜어 주면서, 괜찮다고 몇 번이나 일러 보냈다. 귀여운 아이와 조신한 엄마가 윗집이라서 우리가 더 행복하다는 말과 함께.

고사리손으로 정성스레 그린 그림을 들여다보며 요즘의 각박한 아파트 살이에 대해 다시 생각해 본다.

결혼할 무렵, 우리 지역에 주택공사에서 서민아파트를 지었다. 임대아파트인데 당시 우리 자금 사정으로는 월세 부담이 커서 전세주택을 구할 수밖에 없었다. 서러운 셋방살이의 서러움을 톡톡히 겪었다. 그러다 시내에서 떨어진, 너른 마당만이 마음에 드는 주택을 사서 살다 아파트로 이사를 하게 되었다.

아파트 생활이 처음인 셈이다. 문 한 짝만 닫으면 외부와 철저히 차단이 되는 공간은 낯설었다. 서랍에 갇힌 것 같았다. 처음에는 단단한 철문이 어찌나 견고한 지 이웃이 없는 것 같았다. 그래도 시간이 가니 적응이 되고 자연스레 계단에서 마주치는 이웃과 정이 들었다. 공동청소의 날이 있어 한 번씩 계단 물청소를 하느라 같은 라인의 주민들은 한자리에 모였다. 아래 위층의 주민들은 바지를 둥둥 걷어붙이고 물을 양동이로 나르고 빗자루로 물을 아래로 쓸고 왁자하니 한바탕 시원하게 청소를 하고 나면 격의 없는 이야기로 웃음꽃이 필 때도 있었다. 음식이 오가고 서로에 대한 안부를 묻는 정이 흘렀다.

그렇게 지내다 엘리베이터가 있는 고층아파트로 이사를 했다. 마주치는 이웃이 드물었다. 활동시간이 달라서인지 같은 라인에 살아도 자주 마주치지 않는 것이다. 그래도 가까이 지내는 집은 허물없이 드나들었는데 하나 둘 새 아파트로 옮기고, 새로 이사 온 집은 나이 차가 나기도 하고 하여 쉽게 전처럼 친해지기 어려운 점도 있다. 위에서 잠시 통통거리면 요즘같이 출산율이 낮아 나라의 미래가 걱정되는 시점에 새싹이 자라는 소리거니 하고 생각하다가도, 어떤 때에는 견딜 수 없이 괴로운 것이 층간소음의 문제이다. 개인의 문제를 떠나, 있을 수 없는 사건까지 발생하여 소음문제가 사회적인 이슈가 되고, 사회적으로 부각이 되니까 더욱 예민해지는 것 같다. 편안한 휴식처가 되어야 할 집이 신경이 곤두서는 장소가 되면 예사 문제가 아닌 것이다. 그래서 서로가 조심해야 하는 것이 기본 예의인데, 어쩔 수 없는 생활 소음도 막아주지 못하는 건축공법도 크게 한몫을 하는 것 같다.

마음껏 뛰어도 되고 음악도 내 마음대로 볼륨을 올려 즐길 수 있는 널찍한 단독주택에서 살면 무슨 걱정 이랴만 그렇지 않은 환경에선 서로가 조심해야 하는 수밖에 없지 않을까.

이런 사실을 익히 알고 있는 나 자신도 한때, 거실에서 줄넘기를 해 댄 적이 있었다. 전에 살던 아파트에서이다. 자려고 누우면 아래 초등학생인 그 집 딸의 울음소리가 나는 것이다. 그냥 우는 것이 아니고 매를 맞는 것 같았다. 늦은 밤에 나는 소리는 횟수가 늘어갔다. 소문에 부모가 이혼을 했다 하고 새 여자가 왔다고도 했다. 밤마다 나는 아이 울음소리가 예사로 들리지 않았다. 며칠 줄넘기를 했더니 인터폰으로 연락이 왔다. '왜 그렇게 뛰느냐.'고 따져 묻는 남자에게 '왜 댁은 그렇게 아이를 울리느냐, 소문에 엄마가 없다던데 불쌍하지도 않냐. 아버지란 사람이 그럴 수가 있느냐.' 하고 겁도 없이 퍼부어댔다. 그랬더니 남자가 남의 가정사에 왜 간섭을 하느냐고 하면서도 목소리에는 씁쓸함이 묻어 있었다. 그 후론 아이 울음소리는 들리지 않았고 나도 무모한 시위(?)를 끝냈다.

우리나라 사람들이 아파트라는 공간을 만난 지도 이제 몇 십 년이 되어간다. 이제 전 국민의 반 이상이 아파트에 살고 앞으로도 그럴 것이다. 요즘 단독주택 붐이 인다고 하지만 나이가 들수록 주택 관리 문제는 쉬운 일이 아니기 때문이다.

적당한 간격이 있어야 되는 나무처럼 사람 사이에도 어느 정도의 거리는 있어야 하는데 물리적인 거리가 힘드니까 심리적인 거리를 두게 되는 게 아파트 살이가 아닐까 하는 생각도 든다. 법안을 만들어 해결이 될 문제도 아닌 것 같은 이 층간소음 문제를 따뜻하게 풀어주는 예쁜 이 그림을 거실 장 유리 커버 밑에 끼워두고 틈틈이 바라보고 있다.

유영희 수필집
옹기의 휴식

인쇄 2016년 9월 20일
발행 2016년 9월 28일

지은이 유영희
발행인 서정환
펴낸곳 수필과비평사
주소 서울시 종로구 삼일대로 32길 36(익선동 30-6 운현신화타워 빌딩) 305호
전화 (02) 3675-3885, (063) 275-4000 · 0484
팩스 (063) 274-3131
이메일 sina321@hanmail.net essay321@hanmail.net
출판등록 제300-2013-133호
인쇄 · 제본 신아출판사

ISBN 979-11-5933-048-3 03810
값 13,000원

이 도서의 국립중앙도서관 출판예정도서목록(CIP)은 서지정보유통지원시스템 홈페이지(http://seoji.nl.go.kr)와 국가자료공동목록시스템(http://www.nl.go.kr/kolisnet)에서 이용하실 수 있습니다.(CIP제어번호: CIP2016022723)

Printed in KOREA

* 이 책은 한국문화예술위원회 경상남도 GYEONGNAM 경남문화예술진흥원 에서 발간비의 일부를 지원받았습니다.